U0776766

中国水产资源综合生产能力发展研究

屈宝香 编著

图书在版编目(CIP)数据

中国水产资源综合生产能力发展研究/屈宝香编著.
北京:气象出版社,2011.1
ISBN 978-7-5029-5144-3

Ⅰ.①中… Ⅱ.①屈… Ⅲ.①水产资源-生产能力-研究-中国
Ⅳ.①F326.4

中国版本图书馆 CIP 数据核字(2010)第 254923 号

出版发行:气象出版社
地　　址:北京市海淀区中关村南大街 46 号　　邮政编码:100081
总 编 室:010-68407112　　发 行 部:010-68409198
网　　址:http://www.cmp.cma.gov.cn　　E-mail:qxcbs@cma.gov.cn
责任编辑:何晓欢　　终　　审:黄润恒
封面设计:燕　彤　　责任技编:吴庭芳
责任校对:永　通
印　　刷:北京京科印刷有限公司
开　　本:880 mm×1 230 mm　1/32　　印　　张:5
字　　数:150 千字　　印　　数:1~1 000 册
版　　次:2011 年 1 月第 1 版
印　　次:2011 年 1 月第 1 次印刷
定　　价:19.00 元

本书如存在文字不清、漏印以及缺页、倒页、脱页等,请与本社发行部联系调换

目 录

第1章 引言 …………………………………………………… (1)

  1.1 选题背景 ………………………………………………… (1)

  1.2 国内外研究概况 ………………………………………… (6)

  1.3 理论方法与研究创新 …………………………………… (22)

第2章 水产资源综合生产能力相关理论方法 ……………… (27)

  2.1 水产资源及其综合生产能力与安全阈值 ……………… (27)

  2.2 水产资源综合生产能力测度方法 ……………………… (33)

  2.3 水产资源综合生产能力培育理论 ……………………… (37)

第3章 水产资源综合生产能力的影响因素 ………………… (39)

  3.1 水产资源是影响水产资源综合生产能力的基础 ……… (39)

  3.2 养殖与加工技术影响水产资源综合生产能力的增强
与水平提升 ……………………………………………… (40)

  3.3 水产品市场影响水产资源生产能力的规模增长 ……… (42)

  3.4 水产品产地生态环境影响水产资源综合生产能力的
持续性 …………………………………………………… (44)

  3.5 国家产业政策与全球经济一体化影响中国水产资源
综合生产能力的增长 …………………………………… (44)

第4章 中国水产资源布局演变规律 ………………………… (46)

  4.1 中国水产资源的开发利用历史 ………………………… (46)

4.2　中国水产资源的地区分布格局…………………………（50）
　4.3　中国水产资源开发的阶段特征…………………………（55）
　4.4　中国水产资源区域分布变化趋势………………………（59）

第 5 章　中国水产资源综合生产能力现状 …………………（64）
　5.1　中国水产资源综合生产能力地区分布…………………（64）
　5.2　中国海洋水产资源综合生产能力地区分布……………（68）
　5.3　中国内陆水产资源综合生产能力地区分布……………（71）
　5.4　中国海洋不同种类水产资源综合生产能力现状………（75）
　5.5　中国淡水不同种类水产资源综合生产能力现状………（77）

第 6 章　中国水产品产地的环境质量安全 …………………（80）
　6.1　中国水产品产地环境质量概况…………………………（80）
　6.2　中国水产品产地环境质量安全问题……………………（82）
　6.3　水产品产地环境质量安全研究进展……………………（84）

第 7 章　中国水产资源质量变化分析 ………………………（87）
　7.1　中国捕捞水产资源单产水平变化分析…………………（87）
　7.2　中国捕捞水产资源质量变化分析………………………（88）
　7.3　中国养殖水产资源单产变化分析………………………（89）
　7.4　中国水产养殖资源质量变化分析………………………（95）

第 8 章　中国水产资源变化趋势分析 ………………………（97）
　8.1　中国水生生物资源变化趋势分析………………………（98）
　8.2　中国海洋水产资源变化趋势分析………………………（103）
　8.3　中国内陆水产资源发展变化趋势分析…………………（110）

第 9 章　2020 和 2030 年水产资源综合生产能力预测 ……（119）
　9.1　水产品产量变化的基本特征……………………………（119）
　9.2　预测模型…………………………………………………（120）

第 10 章 中国水产资源中长期综合生产能力安全阈值 ……(127)

10.1 中国水产品消费需求趋势分析……(128)

10.2 保障水产品安全需求的水产资源综合生产能力安全阈值……(131)

第 11 章 中国水产资源综合生产能力保障与对策建议 ……(134)

11.1 水产资源安全风险分析……(134)

11.2 中国水产资源安全保障体系构建原则……(134)

11.3 中国基于水产生产能力安全的水产资源保障体系框架……(135)

11.4 对策建议……(137)

第 12 章 研究结论 ……(141)

12.1 水产资源及其综合生产能力与安全阈值概念的界定……(141)

12.2 中国水产资源综合生产能力发展的阶段性与布局特征……(142)

12.3 中国水产资源综合生产能力数量与质量变化趋势……(143)

12.4 中国水产资源生态环境恶化,水产品食用安全性令人担忧……(143)

12.5 中国水产资源综合生产能力变化趋势预测结果……(144)

12.6 中国水产资源综合生产能力持续发展的安全阈值目标……(144)

12.7 中国水产资源综合生产能力持续开发利用的保障体系框架与对策建议……(145)

参考文献……(146)

第 1 章 引　　言

　　人口、资源、环境和经济的发展失衡是当今人类面临的严峻挑战。全球人口快速增长,人类生存环境日益恶化,人类生存所依赖的自然资源迅速耗减,这些都严重制约着世界经济的发展和社会的进步,威胁着当代人类及其子孙后代的生存与发展。由于中国经济的快速发展,造成资源开发的强度越来越大;同时,又由于技术条件和管理水平的限制,资源消耗、浪费和污染等现象都较为严重,资源总量的供需矛盾日益加剧。中国农业依然是国民经济发展的薄弱环节,其投入不足、基础脆弱的状况并没有改变,粮食增产、农民增收的长效机制还没有建立,制约农业发展的深层次矛盾并没有消除,因此合理开发利用各种农业资源,稳定提高并保持农业综合生产能力,从而确保中国食物安全这一任务是非常艰巨的,所以十分有必要对水产资源综合生产能力进行研究。

1.1　选题背景

　　中国是一个有着13亿人口的世界上人口最多的国家,解决国民的食物消费需求是农业生产的首要任务。虽然中国幅员辽阔,面积仅次于俄罗斯和加拿大,自然资源总量大,但中国自然资源的人均水平较低,特别是决定国计民生的耕地、淡水资源人均占有量过小,因而它们成为制约中国今后农业发展的两大稀缺资源(人均耕地和人均水资源分别不及世界人均水平的 1/3 和1/4)。所以,中国农业发展必须从以外延扩张式的数量增长转变为内涵优化式的质量提高及效率增长,从以重视食物供求总量平衡的目标转向于注重"藏粮于地"、"贮鱼于水"等的农业资源综合生产能力保障的目标。

1.1.1 提高农业综合生产能力是新时期中国农业发展的新课题

2005年中央一号文件把提高农业综合生产能力作为新时期解决"三农"问题的主题,其寓意深刻,意义重大。农业综合生产能力是确保国家粮食安全的物质基础,是促进农民增收的必要条件,是解决当前农业发展突出矛盾的迫切需要,也是增强农业发展后劲的战略选择。加强农业综合生产能力建设是农业现代化建设的重要内容,是实现城乡统筹发展、构建和谐社会的重大举措。当前和今后一个时期,要把加强农业基础设施建设,加快农业科技进步,提高农业综合生产能力,作为一项重大而紧迫的战略任务抓紧抓好。全面研究农业综合生产能力的内涵变化与理论发展是当今农业发展的新课题。

1.1.2 水产资源综合生产力是农业综合生产能力的重要组成部分

中国的农业综合生产能力不仅包括耕地的综合生产能力,水产资源综合生产能力也是其重要的组成部分,而且在中国今后的食物安全战略中,水产资源将承担起日益重要的食物产出任务。我们需要用科学发展观重新审视水产资源的综合生产能力,重新认识其在新时期提高中国农业综合生产能力与中国食物安全战略中的重要地位和作用。因为从营养和能量平衡的角度看,非粮食食物的增长,有助于不断改善食物安全状况,也是实现全面小康的社会目标和在食物消费水平由温饱向富裕阶段过渡时期的食物发展与营养健康发展的需要。发展水产业在丰富城乡农产品市场、提高人民生活水平、改善人民食物构成及提高国民身体素质等方面发挥了积极作用。水产业在国民经济中的地位和作用有了显著提高,发展水产业已经成为农村经济新的增长点,在调整和优化农业产业结构、增加农民收入和繁荣农村经济等方面发挥了重要作用。因此非常有必要对中国水产资源综合生产能力进行系统深入地研究。

1.1.3 水产资源是未来农业发展中潜力巨大的农业资源

随着陆地资源的日趋贫乏,人们日益关注起海洋、江河、湖泊中水产资源的开发利用。就资源总量来看,海洋面积占地球表面积的71%,是接受太阳能的主体,约有 4/5 的太阳能被海洋吸收。海洋中的生物种类众多,数量庞大的浮游植物和底栖藻类通过自身的叶绿素和其他色素,吸收太阳能和二氧化碳,形成海洋中初级有机物产品。海洋中能生产氧气的浮游植物,占据水层的深度达 100 m。因此,海洋转化太阳能的能力远远超过陆地,海洋水产资源综合生产能力要比陆地生物资源综合生产能力强大。加之内陆江河湖泊等淡水水域还存在可观的水产资源量,因此,随着科学技术的发展及其在水产资源开发利用过程中的应用,水产资源综合生产能力将会进一步增强,海洋与江河、湖泊将会为人类提供更多、更好的水产食品,特别是在保障中国食物安全战略中担当重任。

中国在 20 世纪 50—80 年代开展了水产资源调查,初步摸清了中国水生生物的种类、数量和分布情况,但由于科技发展水平与人们认识上的局限性,当时对海洋及淡水水生生物的研究仅停留在形态学上的描述,还有许多水生生物种类未被发现。后期即便加强了水产生物学、生态学、遗传学等方面的研究,但由于研究得不够全面和深入,使得一些重要的生物种质资源正在迅速退化和衰竭,从而导致捕捞与养殖水产品的经济性状与商品价值的下降。加之现代社会的经济发展和环境变化,如生态环境被破坏、水质严重污染、过度捕捞与管理不善,致使水生生物资源日益枯竭,许多生物种群濒临灭绝,而且生物多样性的破坏和物种的灭绝仍日趋严重。正是由于人类对水生生物资源认识的局限性,人们没有充分认识到水产资源的重要性,使得水产资源成为受人类干扰破坏较为严重的农业资源。因此必须客观认识水产资源在我国农业资源中的地位,重新审视水产资源综合生产能力的增强对于提高我国农业综合生产能力的重要性。

1.1.4 水产资源在保障农业综合生产能力安全战略中的地位与作用

水产资源是发展水产业生产的物质基础。随着生活水平的提高，人们对绿色、有机、无公害水产品的需求越来越大，而且中国加入世界贸易组织（World Trade Organization，WTO）后，市场更加青睐高品质安全的水产品。中国是水产大国，2000年以来全国水产品总产量均在4 000万t以上，约占世界水产品总产量的35%。其中，养殖产量2 500多万t以上，约占世界水产养殖总产量的61%；捕捞产量1 770多万t，约占世界水产品捕捞总产量的20%。近年中国水产品出口量快速增长，目前已成为农产品出口中的第一大品种。加入WTO后，一些国家对中国设置的贸易障碍自动取消，某些国家对中国水产品出口的歧视行为终止，从而缓解了国内市场饱和的压力，对淡水养殖产生促进作用。同时，由于受国际水产品市场影响及根据中国水产品出口创汇的需要，中国的水产业结构在同国际水产业市场经济规律互动作用下，逐步加快调整和优化进程，从而使得适应国际市场消费的养殖水产品种类和附加值高的水产加工得到优先发展，促进了水产资源综合生产能力的发展。中国水产品生产劳动力成本低、群体生产力强的优势在市场经济竞争中将得到应有的位置，这有利于扩大水产品出口贸易，扩大中国水产品在国际市场中所占的份额，可以大大增加水产品出口创汇能力和经济效益。由于中国改革开放后提出了以养殖为主的渔业发展方针，水产养殖业取得了飞速发展，特别是淡水养殖技术一直处于世界领先水平，单产和总产都很高。中国水产品产量居世界第一，但中国水产业生产力水平与发达国家相比仍有一定的差距，并不是水产业最发达的国家。多年来中国水产品出口多是以廉价低效的冷冻或初级加工产品为主，高价高效的深加工产品比重却不大。中国水产资源比较丰富，东南沿海有中国主权所属的四大海区的海水养殖，同时，池塘、江河、湖泊、水库等内陆水域水产养殖也有很大的发展潜力，水产资源综合生产能力是较强的。

在中国面对加入WTO的挑战时，一个重要的应对措施就是要努力提高水产业生产力水平，从而提高水产品的科技含量和市场竞争力。

提高水产业生产力水平是一项重要的社会工程,首先要推进水产业科技体制改革,提高科技转变为生产力的效率;其次,各级政府和主管部门应高度重视水产业经济的调查和科学研究,形成对水产业经济发展的理论支持和科学决策,以及重要的技术支撑;再次,要强化技术的快速转化和市场化,主要包括应用技术的示范推广和关键技术的有偿转让。农业"十大行动"之一就是转变畜牧水产业的增长方式,主要工作包括:发展集约化养殖渔业、休闲观光垂钓渔业,全面推进水产养殖业科学规划布局,切实提高水产业的质量和效益;大力发展无公害和绿色养殖,推广和普及生态、健康养殖技术,提高水产养殖综合生产能力,实现水产养殖的从提高资源利用率中求发展,从节约资源、保护环境和循环经济中求发展的目标。但是,目前局部水域水产资源过度开发,使中国水产资源严重衰退,再生能力和水体生产力降低,水质恶化且生态失衡,制约了水产业的长远发展。因此,如果中国要尽快从水产大国跨越为水产强国,就必须规范水产业生产秩序,提高水产品的质量,走可持续健康发展的道路。

1.1.5 水产资源开发是提高农业综合生产能力的重要途径

长期以来,为了解决温饱问题,人们更多关注的是粮食(耕地)综合生产能力或陆地上农用地的综合生产能力,对水产资源生产能力研究得不够。目前,中国的粮食等主要农产品供求已基本实现平衡,人民生活水平提高了,党和政府及时地提出了全面建设小康社会的发展目标。鱼类等水产品是优质蛋白质的主要来源,水产资源生产能力将对未来中国农业综合生产能力产生重要的影响。加之中国人增地减的趋势不可逆转,就迫使我们寻求土地以外的食物生产资源,而中国水产资源除了内陆水域可开发外,还有广阔的东南沿海的四大领海及 200 海里*的专属经济区可供开发,水产资源生产能力有巨大的提升空间。研究与开发水产资源综合生产能力是加强中国农业综合生产能力的重要途径,对于实现中国食物安全目标具有重要的现实意义。

---

* 1 海里=1 852 m,下同

1.2 国内外研究概况

水产资源综合生产能力研究的核心内容由两个方面组成,一是水产资源;二是综合生产能力。就国内外这两方面的研究情况而言,国外对水产资源的研究较多,开展得也较早;国内对农业综合生产能力研究得更多些,尤其是20世纪90年代以来,政府设立了两个重大项目开展农业综合生产能力的研究,2005年中央一号文件更是将提高农业综合生产能力列为主题,从而引起了全国各界的广泛关注。

1.2.1 水产资源研究现状与进展

现代水产资源研究始于19世纪,是因欧洲某些水域面临水产资源衰退情况而引起的。特别是英国水产资源学家拉塞尔1931年起在关于捕捞过度问题的一系列论著中,提出了影响某一水产资源可捕群体数量的四个因素及其相互关系的理论,提出了水产资源种群数量变动的一般数学模型,为水产资源学的建立奠定了理论基础。水产资源学家借鉴生态学、水生生物学和海洋学的理论方法,创立并发展了水产资源学,而且水产资源学逐渐成为水产业发展的理论指导工具。

1.2.1.1 水产资源定义及相关研究发展

"水产资源"亦称渔业资源。是指具有经济性开发利用价值的鱼、虾、蟹、贝、藻类和海兽类等经济动植物的总体。是渔业生产的自然源泉和基础。按水域性质可分为内陆水域渔业资源和海洋渔业资源两大类(陈道 1983)。水产资源是发展水产业的物质基础和人类食物的重要来源之一,具有自行繁殖和增殖的再生性,受自然环境和人为因素影响的数量波动性,有的因洄游移动,有关国家或地区具有共同开发利用的共享性。

现代水产资源研究开始于欧洲,随后在北美、日本和其他沿海国家开展起来。欧美学者所做的与水产资源相关的研究包括渔业研究、鱼类种群研究、开发的鱼类种群数量变化、渔业生物学、渔业生态学、鱼类资源评估、水产资源学、水产资源论等。但上述所列无论是水产资源研究的发祥地欧美,或是开展相关研究较早的日本、苏俄出版的一系列书刊,并未发现学者们对水产资源下过严格定义。拉塞尔认为渔业研究仅仅是生态学的一个领域;相川将水产资源定义为具有数量概念的水产生物(有经济价值和相当数量);田中则认为"水产资源是渔业可以在现在或将来利用的有用的水产生物群落"等(费鸿年等 1990)。

随着水产业在国民经济和社会发展中地位的提高,以准确评估水产资源量、准确预报渔获量为主要内容,以提供渔业管理科学依据为目的的水产资源学研究日益受到人们的高度重视。

1.2.1.2 水产资源概念或定义的代表性观点

因水产资源学还是一门不成熟的科学,其理论与方法尚需进一步发展与完善,水产业发展中不断出现的新问题亟待利用新的水产资源学理论与方法来解决,甚至水产资源的概念、水产资源学研究的内容与范围,以及学科理论体系还都有待完善与发展。仅以水产资源概念为例,国内外学者的解释也有所不同,如中国上海水产学院 1962 年所编教材认为"水域中蕴藏的经济生物(鱼类、软体动物、海兽类和藻类)的群体数量,统称为水产资源;对捕捞的经济鱼类和水产经济动物(软体动物、甲壳类、海兽类)的群体蕴藏量,常称为渔业资源"。20 世纪 80 年代末 90 年代初,中国的水产资源学者一般认为,水产资源即为渔业资源,较有代表性的费鸿年、张诗全给出的水产资源的概念是:水产资源具有生物学和经济学两方面的特性,是指"水域中蕴藏的具有经济、社会、美学等价值,在现在或将来可以通过渔业利用的生物资源"。水产资源的种类可以随着人类的开发利用而扩大,如过去海洋中的磷虾一直只是须鲸类的饵料,20 世纪 60 年代以来虾捕捞业得到了发展,磷虾才成为了重要的水产资源。

国内的水产资源学研究开始于新中国成立之后。较早的相关研究参见 1962 年出版的《水产资源学》一书。到 20 世纪 80 年代后期,随着中国学者接触欧美著作的增多,"渔业资源评估"、"鱼类种群数量变动"等名词逐渐为人们所熟悉,不过大部分学者认为渔业资源评估或鱼类种群数量变动所包含的内容只占水产资源学的一部分。中国台湾学者直接把《Терия Динамики Стада Рыб》(Никол Бский 1974)一书译成

《水产资源学》,而中国大陆学者则将其译成《鱼类种群数量变动》。1988年国内出版的《中国渔业区划》一书中,对中国水产资源衰退情况进行了较为全面的评价,同时对水产生物资源的潜力也有所涉及。在近30年的时间里,水产资源学的研究方法发生了较大变化,以往常用的动态综合模型、综合产量模型和再生产模型被认为是传统研究方法或简单模型,取而代之的是所谓的现代研究方法。费鸿年等(1990)著的《水产资源学》对水产资源学做了较系统的理论介绍与研究,如对水产资源学的产生、现状和发展进行了详述,对水产资源进行了研究,还对水产资源种群数量变动与相关渔业模型进行了分析,特别是针对水产资源学研究涉及的经济、管理、社会等方面的有关理论与实践研究成果不尽完善的地方,以研究问题的形式提出疑问,加深了人们对水产资源研究重要性的认识,从而对中国的水产资源学研究起到了较大的推动作用。

1.2.1.3 水产品加工技术成为水产资源开发利用的关键

水产资源开发利用的广度与深度均受到加工技术水平的影响,如保鲜技术影响水产资源开发的规模、水产品的运销距离与销售的时空范围。世界上第一个水产品加工研究所"Torry Research Station"(托里研究站,英国),从1928年成立之初就着手于鱼、贝、虾、藻类的基础研究。数十年来,该所在各种鱼类的营养组成和季节变化,水产品腐败的生物化学、微生物学和酶化学变化等方面取得了许多理论性研究成果。20世纪60年代初由该所编写出版的《Food As Fish》(鱼类食品)一书,至今仍是水产加工研究领域的重要著作,虽然书中涉及的都是大西洋鱼类,但它的许多研究结论有着普遍的指导意义。

20世纪70年代日本取得了三项重要的水产加工研究成果。①从各种鱼的蛋白质结构和性能的研究中发现,底层鱼类蛋白质中的盐溶性蛋白质要高于中上层鱼类,而盐溶性蛋白质加热凝固后具有明显的弹性。根据这个理论成果,日本率先生产出了各种鱼糜制品,后来经过不断地深入研究,形成了一整套鱼糜生产的基础理论,在这个理论指导下,鱼糜的生产技术已经传遍了整个世界。②通过研究鱼类中三磷酸腺苷的降解作用,发现了鱼类质量指标 K 值,它比人们普遍采用的

VBN指标更具有科学性和普遍意义。现在该指标已经被世界各国采纳。③从研究各种鱼肉的冰点着手,发现了-3℃条件下保藏鱼类比冰鲜方法具有更大的优越性,从而提出"微冻"保鲜方法,此法也被世界各国采用。

近年来,世界水产加工领域,基础研究进展明显加快。20世纪90年代,水产加工科技的基础研究又有了三大突破。①日本京都大学一位教授发现,食品中的微生物的活性在400 MPa压力下会受到抑制,利用此原理,可以不用高温杀菌就能生产出色香味俱佳的食品来,目前已有此类产品上市,深受消费者欢迎。②20世纪90年代初,在肉类食品加工领域研究中提出了一个新的理论——栅栏效应。该理论认为通过多个强度缓和的保质"栅栏"的协同作用,能够实现食品微生物的稳定性,利用计算机比单一温度手段更能快速预报食品微生物状态,为高水分水产调味干制品的研究指明了方向。③危害分析关键控制点(Hazard Analysis Critical Control Point,HACCP)及其应用准则。HACCP是一个预防和保证水产品食用安全的体系。该体系及其应用准则于20世纪60年代开始在美国航天食品上使用,经过20多年的补充和完善,美国政府已在1995年12月正式颁布,并于1997年12月18日起执行。目前,世界上多数国家都根据该体系及其应用准则制订了各自的食品微生物实施方法。水产加工基础理论研究取得的重要进展,还有"水分活度"理论和"功能食品"理论等等。每次理论上的新发现,都使得水产加工科技飞跃发展,它们促进了水产品的开发并提高了产品的科技含量,从而进一步提高了水产品的质量和附加值,推动了水产资源的开发利用,进而增强了农业综合生产能力以及水产资源安全保障的水平。

中国对于水产品加工的研究始于20世纪50年代末。20世纪80年代以前,研究重点是海水鱼、虾的保鲜技术。中国科研人员在借鉴国外的经验并结合国情的基础上,研究了海上渔获物的药物保鲜、冷却海水保鲜和微冻保鲜等方法,除药物保鲜方法外,其他方法都已不同程度地应用于生产上。根据冷却海水保鲜方法的研究成果,中国还设计制造了多艘冷却海水保鲜船,取得了明显的效果。"六五"期间,中国还开展了海水鱼冷藏链保鲜技术和淡水鱼保鲜方法研究,也取得了相应的成果。不过国内的相关研究一直以开发性研究为主,与世界先进水平相比,中国的基础性研究落后国外几十年。

1.2.2 农业综合生产能力研究

农业综合生产能力作为衡量一个国家或地区农业生产水平与实力的概念,是在社会经济需求不断扩大,人类对影响农业生产发展的因素的认识逐渐深化的过程中提出的。农业综合生产能力,是在一定地区、一定时期和一定经济技术条件下,由农业生产诸多要素综合投入而形成的、可以相对稳定实现的农业综合产出水平。农业综合生产能力的大小,既取决于农业资源、生产资料、机械和人力投入的多少,也取决于农业科技水平的高低和农业抗灾能力的强弱。农业综合生产能力建设是一项复杂的系统工程,是当前和今后一个时期"三农"工作一项重大而紧迫的战略任务。

1.2.2.1 国务院立项——中国农业综合生产能力研究

国内对"综合生产能力"进行研究开始于20世纪90年代初,1991年3月—1993年3月,在国务院领导的指示下,由国务院研究室和农业部共同主持,多部门、多学科的专家和实际工作者组成课题组,对中国农业综合生产能力问题进行了全面系统的研究。该研究对农业综合生产能力的概念、构成因素和评估方法,以及当时中国农业综合生产能力的现状、总体水平,还有农业的各项投入与综合生产能力的关系等做了全面分析。同时利用综合指数法、柯布-道格拉斯函数分析法等,对20世纪90年代初中国的农业综合生产能力进行了总体评估,测算了农牧渔业的产值与生产能力,还研究了4.5亿t粮食综合生产能力中,南北方不同区域与科技、资本及劳动力不同投入的贡献,进而根据对中国国民经济发展需要的分析,提出了2000年中国农业综合生产能力必须达到的产值与产量水平。但该研究在论述、分解农业综合生产能力构成因素时,只给出了形成要素(土地、资本、劳动力、科技)、转换效率(自然灾害)、表征要素(农业总产出)三个方面的构成因素,其中没有将海洋或内陆水体中的水产资源单独列出,并且也未对其给予相应的说明。这和当时国家农产品供求总体形势有关,满足解决温饱需求水平条件下的食物供求更主要依靠粮食的生产,关注的是土地的粮食综合生产能力及种植业支撑的畜产品生产能力。即使农业总产出中提到了水产品,也没有将生产所依托的水域像土地一样看做农业综合生产能力的形成要素之一进行分析。

1.2.2.2 科技部攻关——中国农业资源综合生产能力与人口承载能力

中国在"九五"期间对综合生产能力问题进行了较为系统与深入的研究,随着中国国民经济的发展,在解决温饱向小康社会转变的初期,国内学者与有关部门进一步重视综合生产能力的研究。1996年国家科技部专门将"农业资源利用与管理技术"问题列为国家"九五"期间科技攻关项目,"中国农业资源综合生产能力与人口承载力"就是其中的五个专题之一。该项研究的主要攻关目标是开展不同尺度的中国农业资源综合生产能力与承载能力的系列评估;计算2010,2030和2050年全国及各农业生态区的农业综合生产能力与人口承载能力,包括耕地资源、草地资源、木本粮油林资源及内陆淡水水产资源、海洋水产资源等单项资源的生产能力。其中,对相关水产资源生产能力进行了"内陆淡水水产资源开发利用与生产潜力分析"及"海洋水产资源可持续利用及其生产能力预测"两方面的研究。对于水产资源的生产能力,主要从扩大养殖面积的水域资源(可利用面积)潜力,以及水产品养殖产量潜力与捕捞产量潜力的角度进行了研究。此外,该项研究对淡水渔业资源给出了简单的定义,对海洋渔业可持续发展的内涵给出了"是对水产资源管理的一种战略,其核心在于如何对全部水产资源中可渔获的资源捕捞收获,而新成长的水产业资源数量足以弥补所收获的数量"的特别论述;而且针对海洋污染严重、鱼类质量全面下降的状况,提出了维持海洋自然生态系统平衡、实现最佳水产业经济效益的观点;并且介绍了水产资源可持续发展及其生产能力预测的理论与方法,如水产资源的剩余生长与自然平衡、自由捕捞产业平衡点的确定、渔业资源的最佳开发、自由捕捞的平衡及捕捞渔业的应用模型与水产养殖生产能力的预测方法等(陈百明 2001)。

1.2.2.3 方兴未艾——近年农业综合生产能力研究

进入21世纪后,中国农业生产已解决了国民的温饱问题,但农业的进一步发展面临着耕地减少、人地矛盾不断加剧的现状。面对这样的基本国情,专家学者从不同角度对农业,特别是粮食综合生产能力进行了多方面的研究探讨。梁勇等(2001)利用C-D生产函数和统计数据对广西农业综合生产能力及其影响因素作了定量分析,并根据分析结果提出了若干提高农业综合生产能力的措施。此外,肖海峰等(2004a,b)分析探讨了中国粮食综合生产能力的影响因素、保护体系完善对策及国外相关研究的一些启示。刘杰(2004)以吉林省为例从粮食理论的基础上深入分析了如何切实保护和提高粮食综合生产能力,有助于粮食综合生产能力理论研究的进一步完善,进而推动新世纪新阶段粮食保护政策的发展。内蒙古自治区农调队住户处,参照国家测算农牧业综合生产能力的办法,于2004年10月对内蒙古农牧业综合生产能力进行总体评估;韦林珍等(2005)分析了"中国农业综合生产能力薄弱的成因及对策",并指出提高农业综合生产能力是中国发展农业的基本措施和途径,王秀东等(2005)只有建立适合中国国情的农业技术体系,才能提高中国农业综合生产能力,满足广大人民群众日益增长的需求。2005年中央一号文件将提高农业综合生产能力作为当前农业工作的重点,国务院制定了《中共中央国务院关于进一步加强农村工作提高农业综合生产能力若干政策的意见》,有力地推动了农业综合生产能力的研究进程。

1.2.3 水产资源综合生产能力研究

早在远古时代,人类以捕鱼为主要手段获取生活资料,捕鱼是与狩猎同等重要的人类生存手段,因而在历史上并称为渔猎时期。大部分水产资源栖息于天然海域,资源具有有限性,由于长久以来人们对这一问题认识不足,呈现出对水产资源开发利用多,而对其保护与研究不够的现象,由此导致了水产资源的减少和枯竭。从其他与渔业经济相关领域(如中国渔业史、淡水渔业史、区域历史经济地理、内陆区域经济等)的研究结果来看,其中虽对水产资源有所涉及,但研究不够系统与全面。

1.2.3.1 国外非常注重环境生态影响方面的研究

因社会制度、经济基础等的不同,世界各国对水产资源的开发利用各有侧重。维持和保护生态环境,使之在不遭受破坏的同时,能够发展游钓渔业,这是发达国家湖泊渔业的特点。另外,北美大湖区采用以生物能量学模型为中心的渔业管理模型,对不同的湖区分别确定捕捞量份额,补充投放湖鳟等经济鱼类鱼种,控制七鳃鳗等寄生性鱼类。其渔业管理理论的显著特征是以建立在生理生态学数据基础上的鱼类生物能量学模型为中心,定量预测鱼类的摄食、生长及与饵料生物的关系,结合种群动态模型,建立渔业管理模型。

国外对湖泊渔业生态研究的一个重要进展是实验湖沼学的快速发展,其以湖泊为实验对象,在全湖(生态系统)水平开展实验性研究。20世纪60年代加拿大政府为了解湖泊富营养化及酸雨机理而建立起由20多个天然湖泊组成的实验湖区,该研究在20世纪80年代获得较大进展。湖泊生态研究的另一重要进展是鱼类对湖泊生态系统下行效应(top-down effects)的研究。这一研究表明,通过改变鱼类群落结构,如放养食鱼性鱼类,可减少食浮游动物鱼类生物量,进而引起浮游动物生物量上升,浮游动物又通过摄食造成浮游植物生物量下降,从而起到改善水质的作用。这一原理已被用于许多水体,目的是控制富营养化,改善水质。这一改善水质的方法被称为生物操纵(biomanipulation)。

在水库增养殖方面,发展中国家比发达国家所做的研究工作要多。苏联是世界上水库最多的国家,水库水面约1亿多亩*,其研究工作主要集中在水库鱼类的移植驯化和水产资源的保护方面。印度水库水面4 300多万亩,在大型水库管理、渔业控制、生态环境保护及小型水库渔产潜力等方面做了大量工作。亚洲其他国家,如斯里兰卡、尼泊尔、菲律宾、印度尼西亚等,在国际有关组织的支持和帮助下,在水库渔业增产技术的推广上也取得了一些成果。鉴于大水面渔业发展和水环境

---

* 1亩＝1/15 hm^2,下同

质量之间存在着相互影响、相互制约的复杂关系,发达国家一般不主张在水库中发展生产性渔业。美国的水库水面为 6 900 万亩,重点发展游钓渔业,其非常重视水库湖沼水利工程对环境的影响及其对策方面的研究。美国在名特优水产品的增养殖方面也有一些尝试,如利用大型水库粗放匙吻鲟,在明尼苏塔州和肯塔基州一些大型水库建立了匙吻鲟的水库牧场(reservoir ranching),该试验不仅在保护、增殖这种濒危物种方面起到了良好的效果,而且也获得了较高的产量和较好的经济效益。

世界各国对浅海滩涂、湖泊水库的开发利用各有所长。日本、西欧等国家的浅海养殖业相当发达,技术比较先进。日本自 20 世纪 60 年代在濑户内海建立第一个栽培渔业中心后,把多种技术应用与海洋牧场结合起来,在苗种生产、养殖技术、放流技术、饵料生产和病害防治研究方面取得了新的突破,养殖水域逐渐向外海扩展,甚至可在 100 m 左右的深水海区发展大型网箱和沉浮式网箱养鱼,并采用了自动投饵、保护、管理与监控装置。英国研制了一种旋转式网箱,在网箱的不同位置安装了充排气管,调整充排气可使网箱任意翻转,以便于网箱修整和清污。太阳能、风能、波能、潮汐能和声光电诱导等技术在网箱养鱼中得到了较好的运用。近年来,北欧、日本等国家还研究制造了大型浮动式海洋平台,或者利用双体船等,将养殖生产、加工管理集中在海上进行,形成海上工厂化养鱼。北美和俄罗斯对内陆水域的开发利用相对见长。

在浅海滩涂开发利用研究中,国际上的主要发展趋势包括,重视环境效益和生态效益,加强环境容纳量、最大允许放流量、放流种群在生态系统中的作用,以及养殖自身污染、生态入侵可能造成的危害等方面的研究,通过这些研究制定滩涂浅海开发决策,保持清洁生产和可持续发展。日本通过容纳量对海水贝类养殖量影响的研究,对扇贝养殖采取了合理的养殖密度和养殖量,以达到保持产量稳定、减少病害和死亡的效果。20 世纪 80 年代,北美和西欧的一些科学家从营养动力学和水动力学的角度研究养殖容纳量,并根据水域的能量收支和个体营养需求建立模型,估算出一个特定水域某个养殖品种的容纳量,如估算牡蛎和贻贝的养殖容量,并据此进行滩涂浅海开发。加拿大科学家在20世纪90年代初期,通过测定有机悬浮物浓度、有机物含量及养殖贝类新陈代谢,来预测某一海区的养殖容量。20世纪80年代末,日本开展了个体或群落之间相互作用的研究,以实施浅海滩涂开发与自然生态系统保持协调、高效发展的管理技术(称为Bio Cosmos计划)。这一综合研究包括了像"海带科植物群落中的动态稳定性结构"等多个研究课题。此外对浅海滩涂水域环境的自净能力,高质量、不污染海水的合成饵料,染色体技术培育的鱼、虾、贝类可能引起的天然资源遗传混乱,以及放流苗种的音响训练和育苗尖端技术等项研究,也引起了国际上的广泛关注。

国外对于低洼盐碱地的治理多以水利工程或农业措施为主。荷兰、日本等国采用水利方法,完全依靠填土、挖渠、电动排灌等方法进行治理,这些方法投资大、成本高,难以在农业生产中推广应用。苏联和美国多采用农业和化学改良措施治理盐碱地,如发展种植业和畜牧业,苏联曾在沙漠盐碱滩水域引进和驯化适应盐碱水域的养殖品种。以色列在沙漠盐碱滩上开展了水产养殖试验,初步摸索出了一些技术措施。

1.2.3.2 国内更倾向于水产资源开发技术方面的研究

多年来,国内许多科研单位在宜渔国土的开发研究方面做了大量工作,如浅海滩涂渔业资源调查和区划、海带南移、对虾潮间带养殖、扇贝浅海吊养技术开发等,推动了中国藻类、虾类和贝类养殖技术的全面进步,使中国海水养殖的规模和产量跃居世界首位。20世纪50年代,中国水库主要以捕捞天然鱼类为主,为合理开发利用水库天然鱼类资源,科研人员相继开展了鱼类自然资源调控措施的研究,通过灌江纳苗、设立繁殖保护区、实施禁渔期、规定起捕规格等措施,创造了有利于水库自然资源增殖的条件。这些措施对推动中国早期水库渔业的发展起到了重要作用。随着"四大家鱼"人工繁殖技术的成功,放养人工鱼种就成为水库渔业的一种主要方式,同时,科研人员陆续开展了水库鱼类防逃、库汊养鱼、网箱养鱼技术的研究。在湖泊水库开发利用的研究上,20世纪70年代,科研人员结合长江水系资源调查及内陆水域渔业区划等工作,对一些重点湖泊进行了水体环境和自然生态方面的基础调查。然而,由于对浅海滩涂的生态容纳量等基础研究的相对不足,致使部分养殖海区或滩涂因过度开发而形成了富营养化,从而导致了病害的发生。"七五"期间,建立了"水库养鱼高产技术研究"的攻关专题,研究了水库养鱼高产的生态学原理,并对湖北、广东、福建三省100多个水库渔业资源及水库生产性能进行了系统地调查和渔业规划。"八五"期间又建立了"大型多功能水库渔业利用优化模式研究"攻关专题和部级重点课题,研究重点包括大型水库鱼产力及鱼类种群动态研究、渔业增养殖与综合开发技术研究和水库网箱养鱼优化技术研究等,人们开始注意寻求水库渔业利用和水库其他功能利用之间的平衡,以及水库渔业利用与环境质量之间的平衡。

同时开始对大水面放养方式鱼产力进行研究与计算。当时认为鱼产力应理解为产鱼潜力,是指水体在不投饵、不施肥,依靠天然饵料,在合理经营下,可能提供的最大鱼产量。影响鱼产力的因素有纬度和海拔高度、降水量、化学因素、湖泊形态、物理因素和水生生物等。中国大水面放养方式主要根据湖泊水库的饵料生物的数量来估计鱼产量,以解决大水面的放养量问题。它的计算方法主要有以下两种:

(1)根据生物量推算鱼产量和放养量。何志辉(1983)根据清河水库的浮游生物现存量估计了清河水库的鲢、鳙鱼产力。具体公式为:

$$鲢鱼鱼产力 = \frac{浮游植物生物量 \times 鲢鱼对水体浮游植物利用率}{鲢鱼吃浮游植物的饵料系数} \times P/B 系数$$

$$鳙鱼鱼产力 = \frac{浮游植物生物量 \times 鳙鱼对水体浮游植物利用率}{鳙鱼吃浮游植物的饵料系数} \times P/B 系数$$

式中鱼产力单位为:kg/亩水面水体;浮游植物生物量单位为:kg/亩水面水体;P/B系数是生产量和生物量之比;鲢鱼、鳙鱼对水体浮游植物利用率分别为20%和30%;鲢鱼、鳙鱼吃浮游植物的饵料系数一般分别为30和10。

(2)根据生产量推算鱼产量。王骥等(1981)在武汉东湖用黑白瓶测定的浮游植物初级生产量,提出计算鲢、鳙总产量公式如下:

$$F_H = \frac{P_G \cdot f \cdot K \cdot a \cdot H_v}{E_H \cdot C}$$

$$F_A = \frac{P_G \cdot f \cdot K \cdot a \cdot A_r}{E_A \cdot C}$$

式中 F_H 和 F_A 分别为鲢、鳙的产量(t);P_G 为浮游植物毛产量(t/d);f 为浮游植物净产量和毛产量之比,值为 0.78;k 为氧的热当量,即 1 mg 氧相当于 14.64 J 热量;a 为鱼类对浮游植物净产量的最大利用率,值为 80%;H_v 和 A_r 分别为鲢、鳙相对搭配比例,建议 H_v 为 0.7,A_r 为 0.3;C 为鲜鱼肉的热当量(1.2);E_H 和 E_A 分别为浮游植物对鲢、鳙的能量转化系数。

20 世纪 80 年代,国内一些地区采用挖池抬田对低洼盐碱地进行治理的方法,试行以水产为主的综合开发利用,为增加水产品产量开辟了一条新途径。从其他与水产业经济相关领域(如中国渔业史、淡水渔业史、区域历史经济地理、内陆区域经济等)的研究成果来看,其中虽对水产资源有所涉及,但研究不够系统与全面。

1.2.4　国内外相关研究评述与比较分析

随着种植业的发展并逐步取代渔业成为人类的主要食物来源后,人们更加注重土地的生产能力,尤其是耕地的粮食产出能力。目前对水产资源生产能力的研究逐步从水产资源生物学向资源评估发展,侧重水域生产力,水域生物容量,渔业资源管理学,水域生态环境,水产品产地环境及水产资源的调查、监测与评估研究。但由于基础资料等缺乏的原因,出版的相关论著还比较少。

1.2.4.1　国内外同类研究侧重点不同

国外对水产资源学理论的研究较早,此外对水产品加工技术及水产资源持续开发利用的研究较多,同时对水产资源开发利用中生态环境影响研究开始的时间也较早,并探索出一些成功的生态环境保护技术措施与经营管理模式。但针对水产资源生产能力的研究较少,特别是关于水产资源综合生产能力方面的研究不多。国内外水产资源研究领域一直以开发性研究为主,水产资源学者与水产业界人士及技术专家或侧重资源学理论研究,或偏重实用技术的研究开发,而从宏观角度,立足于科学管理层面,应用系统工程及相关的边缘交叉学科理论与方法,对水产资源综合生产能力的发展变化,尤其是水产资源环境与食用质量安全性方面的研究不足,而这些不足正是本书要探讨的重点。与以往研究相比,本书要探讨的问题包括以下几方面。

(1)以往学术研究目标不同,国内外学者对水产资源与渔业资源的概念、定义有不同的解释。有部分学者认为水产资源就是渔业资源,但也有学者提出不同的观点,因而对水产资源概念缺乏一个科学的界定。本书将科学界定水产资源的概念。

(2)已有研究成果专业技术性研究较多,而理论与方法研究较少,本书将系统研究中国水产资源生产力发展及其空间差异与区域布局演变分析,并从理论上分析研究中国水产资源区域布局演变规律。

(3)水产资源家底不清,水产资源统计中多年自然资源指标没有更新。涉及水产资源生态环境变化对其综合生产能力的直接或间接影响的研究更是少见。本书试图从生态学与资源经济学角度研究分析水产资源综合生产能力发展变化规律或趋势。

(4)本书将从政策、管理等宏观角度入手,研究分析影响水产资源生产能力的有利条件与制约因素,从而提出实现水产资源综合生产能力可持续发展利用的有效宏观管理模式及相应的对策体系。

1.2.4.2 近10年国内开始重视水产资源生态功能方面的研究

目前,国内学者也开始从生态学和经济学的角度,关注和研究内陆湖泊湿地整体价值与功能的利用、开发和保护。科研人员指出,湿地有特殊的生态功能和经济价值,具有持续为人类提供食物、原材料和水资源的潜力,并且在防洪抗旱、保护生物多样性及旅游休闲等方面发挥着重要作用。湿地效益是湿地的功能、用途和属性的总称,通过湿地生态系统的生态服务功能价值得以体现。如果人们在开发利用过程中不能保持清醒,必然会出现种种短期行为,造成严重的生态环境破坏。专家们以中国最大的淡水湖泊湿地景观生态系统——洞庭湖湿地为例分析认为,由于洞庭湖独特的地理环境和气候条件,其湿地资源十分丰富;但人类长期不合理地对其进行开发利用,特别是围湖造田使得湖泊面积不断缩小、湿地生态环境受到严重破坏、调蓄洪水能力下降、洪涝灾害频繁,严重影响湿地资源的可持续发展和湖区人民生活水平的提高。

1998年特大洪灾后,中国政府在洞庭湖区实施平垸行洪、退田还湖、移民建镇工程,以恢复洞庭湖湿地对洪水的调蓄作用,近些年规划实施的退田还湖工程项目涉及沿湖10个县(市、区)的12个堤垸,退还面积达1 390 km^2。投入巨大、"牺牲"也极为巨大的"退田还湖"工程,到底值不值得?庄大昌博士等(2003)综合运用资源经济学、生态经济学的理论和方法,在大量的实地调查和试验基础上,根据地方统计资料和国家价格年鉴,以2001年不变价格为标准,估算出洞庭湖拟退田还湖的12个垸区湿地生态系统的总经济价值量。评估内容主要包括湿地生态系统产生的食品、农业产品、其他生产原料和景观娱乐等形成的"直接利用价值",以及生物多样性、净化水质、调节气候等形成的无法商品化的"间接利用价值"。评估显示,洞庭湖湖区拟退田还湖的12个垸区,预估水产资源、饲草资源、科考旅游、调蓄洪水、气候调节、净化水质等功能的改善可产生的总价值量为69亿元,其中直接利用价值为14亿元,占总价值量的20.3%;间接利用价值55亿元,占总价值量的79.7%。作为巨大价值量主体中的两项,"调蓄洪水"可创造价值53.5亿元,占总价值量的77.57%;"湿地资源生产力"可创造价值12.9亿元,占总价值量的18.68%。同时,退田还湖减少资源生产价值0.82亿元,却增加生态服务功能价值56亿元,是退田还湖前12个垸区农民2001年可支配总收入的4.09倍。庄大昌博士说,由于是首次估算洞庭湖退田还湖工程的生态经济效益,所得结果可能存在一些误差,应在以后的研究中展开进一步的探讨;但洞庭湖湿地对长江流域洪水调蓄的重要性、退田还湖工程所带来的巨大生态经济效益,都已显露无遗。这也表明了在水产资源的开发利用中,不仅要衡量其生产价值,更要综合考查其对水产资源生态功能价值的作用与影响。

1.2.4.3 国内水产品食用安全方面的研究刚刚起步

近年,国内对水产业的研究涉及水产养殖、海洋生物资源利用、水产品加工、渔业经济与贸易等领域。水产养殖面临优势水产品养殖技术、海淡水优势水产品的种苗繁育、无公害养殖技术、水产动物营养饲料及病害防治技术和精深加工等各个方面的问题,这些均有待进行深入研究探讨;尤其是对渔业资源与环境、水产品区域布局调整、水产品产地环境污染与食用安全质量问题进行研究。

为保障水产食品的安全,国内开展了污染物(如重金属、石油烃、农药、渔药、贝毒素、组胺、致病微生物和病毒等)在水产品中残留量的测试技术研究,还进行了水产品安全、卫生和质量监测体系研究。首先,开展贝毒、农药和渔药的分析技术研究,制订水产品中污染物允许量标准,研究致病菌、贝毒在贝类中的残留标准,以及农药和渔药在水产品中的残留标准。其次,开展贝类的净化技术和净化模式研究,研究主要经济滩涂贝类的净化工艺、净化设备和净化模式,为贝类产业化提供成套工艺技术和设备,使中国贝类净化研究接近国际水平。在对水质和水产品中污染物残留调查基础上,通过毒理学试验,建立水环境污染对水产品质量影响的监测和预警系统。完成内陆农村和城市之间的水产品贮运和流通的"冷链"技术研究,将 HACCP 规范融入到水产品贮藏和流通的整个过程中。

1.2.5 国内亟待研究的水产资源综合生产能力问题

随着渔船、渔具、捕鱼方法等的进步,捕捞效率也随之大大提高,但是由于捕捞工具的发展失控和人们对资源合理利用的意识不强,致使渔业资源受到破坏严重。首先破坏的是沿岸及近海资源,然后由近及远,深海、远洋和大洋性鱼类及其他水生生物资源也遭受不同程度的破坏。内陆水域受人类活动的影响更为直接。砍伐森林,开垦荒地,建闸、筑坝、农田灌溉、施肥、喷洒农药、工农业排放废水等等,造成水域环境的破坏,如:河水浑浊,泥沙量增加,透明度降低;江湖水量减少,湖面缩小,水库淤积,降河与溯河性鱼类洄游受阻影响其繁衍后代;内陆湖面减少,水质盐碱化,导致渔业资源结构改变并且质量下降。对河湖天然鱼类资源的过度捕捞,也导致了鱼类资源出现单一化、小型化、低龄化等现象。

改革开放以来,中国渔业走上了快速发展的道路,取得了举世瞩目的成就,渔业综合生产能力显著增强,从 1990 年起水产品产量连续 10 余年位居世界首位,是目前世界上唯一养殖产量超过捕捞产量的渔业国家。尽管中国水产品养殖具有一定的规模和优势,但与一个水产品产量大国的地位很不相称的是,我们对水产资源综合生产能力的研究还有一些不足。当前水产品高产现状掩盖了一些制约中国水产资源综合生产能力提高与持续利用的重要问题。

1.2.5.1 养殖生产基础条件较差,配套程度不高

与发达国家相比,中国工厂化养殖场、原良种场和苗种场等的生产条件普遍存在标准低、设备落后的情况,影响了饲养过程中对病害、水质环境和产品质量控制措施的实施。生产生态条件退化,小型网箱养殖鱼类因生长空间小,局限于近岸,水质不佳,因而养殖病害严重,病害种类多、危害大、突发性强、流行时间长。水产品品质受到很大影响,损失不断增加。据估算,全国因病害造成的养殖产品损失每年近百亿元。为了减小病害风险,生产者普遍提早收获,造成产品规格偏小,影响了出口率,出口价格也偏低。

1.2.5.2 质量安全问题突出,已成为扩大出口的重要障碍

随着中国水产养殖集约化程度的不断提高,养殖种类和养殖密度急剧增加,病害问题日益严重。药物防治方法使用不规范,水产品产地环境质量恶化,这些因素影响到水产品的质量与食用安全。其中药物和有害物残留超标问题比较严重。近年中国水产品出口多次因质量问题受到欧盟、日本等国家和地区的限制。由于养殖环境差、质量保障体系不健全、养殖生产者的质量意识不高、国家对养殖过程中滥用渔药和饲料中添加违禁成分的现象监控不力,导致水产品品质不高,食用安全也受到影响。

1.2.5.3 生产不规范,造成水产品产地环境污染严重

据调查,一些养殖户为加速水产品的生长,追求高额利润,自行加工饲料和鲜活饵料,往往在饲料中添加抗生素、促生长素、兴奋剂等化学成分。这些化学物质在生物体内均有不同程度的残留,经常食用这种产品会出现头痛、疲乏、心慌等症。例如甲鱼自然生长需经 7 年才可食用,而用性激素(乙烯雌酚)催长只需 7 个月便可上餐桌,而靠雌激素饲养的黄鳝长得又肥又大。渔用投入物质量差、利用率低等给中国的水产品产地环境质量与食用安全带来隐患,因此加强水产品产地环

质量安全的研究是十分必要的。水产资源生态环境污染严重,综合生产能力难以提高。

1.2.5.4　水产资源研究不足,水产业监管工作有待加强

长期以来人们偏重水产资源的经济开发利用,而忽略了对其生产能力的保护与研究。许多地方养殖生产发展缺少规划,一些主要的养殖区域整体布局不尽合理。水产品在局部地区的养殖密度过大,对环境和养殖生产自身都造成了不利的影响。渔药、饲料等养殖投入品的生产、销售、使用监管不力,饲料中大量使用激素和抗菌类药物,一些养殖水产品中药物残留量超过了安全指标,水产冷冻品存在滥用添加剂等现象。

1.3　理论方法与研究创新

国内水产资源学者与水产业界人士及技术专家,或侧重资源学理论研究,或偏重实用技术的研究开发,而从宏观角度,立足于科学管理层面,应用系统工程及与其相关的边缘交叉学科理论与方法,对水产资源综合生产能力,包括水产品产地环境与食用质量安全性等问题的研究不足,为此本书将综合生产能力作为探讨的重点。

1.3.1　理论方法

本书运用经济学、区域经济学、农业布局学及资源经济学与环境经济学等学科的基本理论,深入研究探讨水产资源的基本概念、水产资源生产能力演变发展的基本规律,并且从现代管理学、生态学、食品加工学与流通贸易等领域入手,以多种研究视角对水产资源综合生产能力进行分类与界定。结合水产资源调查与评估及水产资源保护与管理的调研考察,并应用水产资源的开发利用等相关研究成果,深入探讨水产资源综合生产能力测算的理论依据与适用方法。

从经济学角度分析,渔业资源在经济因素作用下的过度捕捞,导致渔业资源出现衰退问题。特别是一些经济价值较高的传统鱼类,产量的下降、需求量的上升,会反过来导致鱼价的上升,使得渔业生产者因

可获得高额的利润,从而进一步加剧了渔业资源的过度捕捞,加速渔业资源的衰退,直至资源的枯竭。

此外,从经济学和生物学理论结合的方法分析中国近海渔业系统,研究造成近海渔业资源过度开发的主要原因,其中包括渔业生产的开放性、渔业生产对产量的追求及渔业生产系统内部资本和人力转移的困难;但通过探索认为,选择正确的休渔方式,是恢复近海鱼类种群数量、增加鱼类资源可持续产量的关键,在休渔期内对捕捞能力的发展进行限制十分必要。

就研究方法而言,书中采用经济学、计量学、地理学、数理统计学等多种研究方法,通过相关的表格、数据及统计分析,力求不仅在定性上而且在定量上说明问题。同时在文中和文后用插图及地图等来直观、形象而又简明扼要地说明问题或证明论点,力求研究过程与结论的系统全面。

1.3.2 技术路线

书中所介绍的研究既有理论研究内容,又需要定性与定量分析,因此又包括大量的理论论著与文献收集、分析与归纳总结工作。书中介绍的是一项全新的研究课题,研究中涉及的相当一部分内容需要全面系统的统计资料以及数据的收集与加工处理,以确保研究能够深入开展。

本研究的基本思路是:在分析水产资源生产能力构成要素的基础上,通过理论研究与定性、定量分析方法,对中国水产资源生产力现状(包括数量、质量、分布)进行评估;系统研究影响中国水产资源生产能力的因素和机制,分析预测中国水产资源生产力变动趋势;建立水产资源综合生产能力基础数据库,分析测算确保国家食物安全的水产品需求总量,设立水产资源综合生产能力基础目标阈值;探讨水产资源生产能力建设的途径及水产资源综合生产能力持续利用的保障机制,提出构建中国水产资源综合生产能力可持续开发利用的对策建议(见图1.1)。

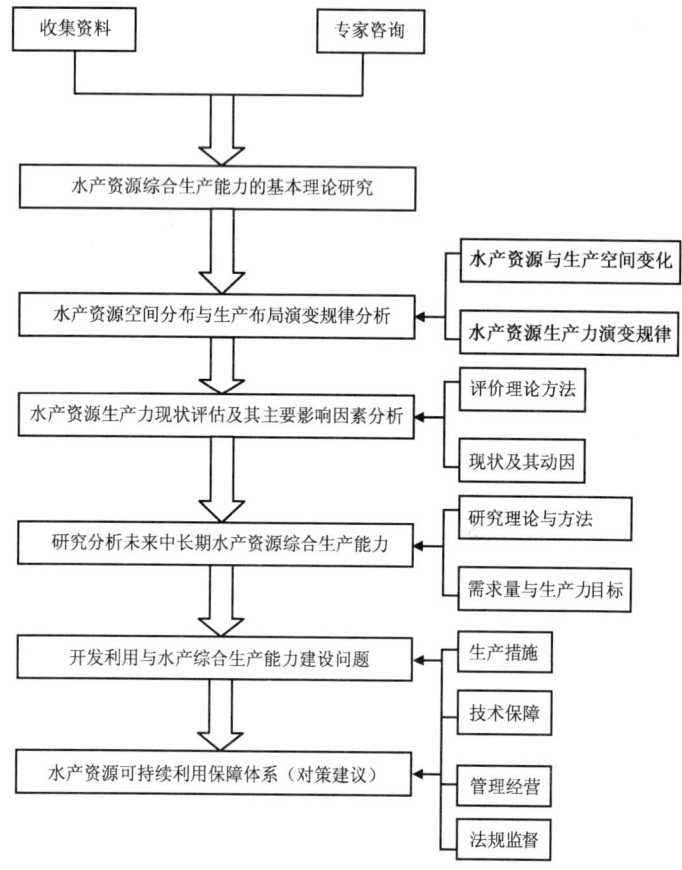

图 1.1 技术路线图

1.3.3 研究创新

目前已有研究多集中于"农业综合生产能力"或"粮食综合生产能力",研究水产资源综合生产能力的极少。对水产资源专业技术层面的研究较多,而对宏观全局方面的研究不足,如综合生产能力、生态破坏与环境退化和水域污染对水产资源生产能力的严重影响等。本书将系统地研究水产资源综合生产能力的基本理论、演变规律、影响因素、建设途径措施与保障体系等。

(1)本书从经济学、区域经济学、农业布局学等多学科结合的角度,科学界定了水产资源及其综合生产能力的概念定义。水产资源是指涉及水产业生产的可捕捞或养殖的水生物、捕捞与养殖水域等内陆与海洋可供捕捞或养殖水产品生产的一切自然资源和条件,不仅指水产品品种资源,而且包括捕捞水域及养殖水体等海洋水域与内陆水域等。水产资源综合生产能力是指在一定地区、一定时期和一定经济技术条件下,由水产业生产诸多要素综合投入所形成的、可以相对稳定实现的水产业综合产出水平。进而指出水产资源综合生产能力是一个动态发展变化的概念,水产资源的种群数量与质量的改善及变化会影响水产资源生产能力、养殖水体的数量与质量、市场需求及生产方式,养殖技术与加工水平同样也对水产资源的综合生产能力产生影响。

(2)系统分析了中国水产资源综合生产能力发展的阶段性与区域分布特征。其一,长期以来中国的水产品产量主要源于海洋水产资源的开发,特别是海洋捕捞产量曾长期占据中国水产品产量的最大份额;中国的水产养殖从1980年开始呈现持续稳步增长的发展态势,而从2000年起内陆水产养殖产量开始超过海洋水产捕捞量并成为中国水产品的主要生产方式。其二,中国水产资源综合生产能力由以捕捞为主的天然海区和内陆水域逐步向由人工控制的集约化养殖水域转移,但就区域而言,中国水产资源生产能力主要分布于东部沿海与长江流域地区。

(3)综合运用生态学、经济学、地理学、计量学等相关研究理论与方法,剖析了水产资源生产能力的主要影响因素及其作用途径;论述了水产资源生产能力的结构、生产能力水平的变化及其质量演变趋势;揭示了水产资源综合生产能力可持续发展面临的主要问题;进一步深入分析了水产品产地环境与质量安全对未来水产资源综合生产能力持续发展的深层影响。

(4)根据中国水产品产量的变化特征,设计了水产资源综合生产能力组合式预测模型,并且对中国2020和2030年水产资源生产能力进行了具体预测。依据水产品人均与总需求量的测算分析,基于国家水产政策与国际背景和前面水产资源综合生产能力发展趋势分析,研究提出中国水产资源综合生产能力可持续发展的安全阈值,提出水产资源综合生产能力保障体系的基本框架及合理开发利用中国水产资源综合生产能力的政策建议。

第 2 章 水产资源综合生产能力相关理论方法

水产资源是农业资源的重要组成部分。我们需要正确地理解水产资源与农业资源、农业资源与农业生产、水产资源与水产综合生产能力的关系,认识合理利用和保护水产资源与农业资源的重要性,综合研究评价水产资源及水产资源综合生产能力合理开发的基本含义和方法、水产资源持续开发利用管理模式,提高人们保护水产资源的自觉性,提倡建立正确的资源观和发展观,更好地理解和贯彻农业可持续发展的战略,逐步增强中国水产资源综合生产能力。

2.1 水产资源及其综合生产能力与安全阈值

水产资源环境决定水产品生产能力及水产业未来发展方向。正确地认识和对待水产资源环境,协调人与自然、社会经济发展与农业资源环境的关系,研究确定最合理而有效的水产资源开发利用、治理、保护和管理的途径,最大限度地发挥水产资源的优势和潜力,不断提高水产资源生产能力,使得人们生产出更多的优质水产品,满足社会经济需要,实现农业与水产业的可持续发展。

2.1.1 水产资源的基本概念与分类

资源的概念,在中文中,如字面意义所理解的,代表了资产财富源泉的含义。《辞海》对资源的解释为:资财的来源,一般指天然的财源。

英文的资源一词由 resources 表示，resources 一词的词根 sources 是"源头"之意，前缀 re 则是"重新"之意，这就使得英文资源一词的含义和人类对其产生的某种作用相关。正是由于人对自然物的加工改造，对自然重新进行调整，才使自然变成了对人有用的东西。因此，资源可以看做是对人有价值的那些自然物。环境伦理学的资源是和自然以及包含在自然界中的人类这二者紧密相连的概念。对资源涵义采取这种理解，就应该思考人类如何在资源消耗和资源保护之间来寻求平衡（马丽 2004）。

农业自然资源是发展农业生产的基本条件，是人类赖以生存的必要条件和物质基础，我们要客观认识人类社会的发展与自然资源的关系，了解农业自然资源及中国农业自然资源的基本特点，认识合理利用和保护农业自然资源的重要性。水产资源是农业自然资源的重要组成部分，提高农业综合生产能力也需要进一步了解世界和中国水产资源的特点和分布，全面认识保护水产资源的必要性及重要性。但以往介绍农业资源及其开发利用时，多从气候、土地、水、农业生物等方面去阐述各类农业资源的内涵、性质、现状、分布特征及其与农业生产过程的相互关系，进而叙述区域开发中农业资源的整体利用问题和管理体系。这种分类突出的是农业生产中必须包括的自然资源条件。也有学者认为，农业资源包括土地资源、森林资源、草原资源和水产资源四种资源，这种分类其实涵盖了依附于这四种资源而生存其中的各种生物资源，以及由其形成的农业生态环境，其突出的是区域地表的农业自然地理形态或农业生产产品的不同。这种农业资源分类是随着中国城乡居民生活水平的提高，对水产品需求的增加，以及农业生产中的科技进步使得水产养殖对水产资源开发的规模扩大、程度加深，从而使得水产资源在农业资源中的地位与作用不断提高，人们越来越重视对水产资源的开发利用及其相关方面的研究。

水产资源相对于土地资源、水资源、气候资源、生物资源来说是一个建立在交叉学科基础上的概念。人们对其基础理论方面的研究与耕地资源、草地资源、林地资源等相比要薄弱得多。由于水产资源比其他农业自然资源的开发难度要大得多，并且在中国食物资源紧缺的历史时期,粮食一直是政府视为关系国家社会、政治、经济稳定的战略物资而大力加以发展的,所以才会有"围湖造田"此类毁林造田运动的出现。水产品相对于北方居民而言更是一种奢侈的消费食品,水产资源研究是受到社会消费需求与水产业生产发展水平需要影响的。只是到了20世纪末21世纪初,国家各级政府才真正开始重视水产资源的合理开发利用,重视水产资源生态环境的保护,并且提出了海洋开发战略。

水产资源是发展水产生产的物质基础。基于前面的分析与讨论,水产资源的基本概念可以定义为涉及水产业生产的可捕捞或养殖的水生物及捕捞与养殖水域等一切内陆与海洋可供捕捞或养殖生产的自然资源和条件等。水产资源按栖息水域可分内陆水产资源、海洋水产资源和溯河降海资源;按生物种类可分为鱼类、甲壳动物类、软体动物类、藻类和哺乳类等主要类别。鱼类是水产资源中数量最大的类群,中国内陆水域水产资源丰富,产量约占全球内陆水域产量的五分之一,主要种类有青鱼、草鱼、鲢鱼、鳙鱼、鲤鱼、鲫鱼、青海湖裸鲤、团头鲂和鲮鱼等。海洋水产资源按所在水层可分为:①底层种类,主要栖息于底层,通常用拖网捕捞,主要是鳕科和无须鳕科鱼类;②岩礁种类,栖息于岩礁区,主要包括石斑鱼;③沿岸中上层种类,在大陆架海区栖息于中上层的都属这一类型,主要为鲱科和鲭科鱼类;④大洋性中上层鱼类,主要栖息于大陆架斜坡和洋区透光层的表层,如金枪鱼等。

2.1.2 天然水产资源的基本特性

水生生物及其生存的环境比陆地生物复杂得多,水生生物生存有如下特点:①再生性:水生生物有繁殖能力,但需要特殊的繁殖环境;②多样性:水生生物有很强的生态多样性,分布也具有多样性;③移动迁移性:水生生物是游动的,并具有季节性和洄游性变化;④波动性:水生生物很容易受环境影响,其生物种群数量季节间与年际间变动大(唐启升 1994)。

水产资源在种类和数量的分布上有一个自然现象(规律):一般越是靠近高纬度地区,种类就会越少,但同种生物的数量却越多;低纬度海域则相反。生态学理论认为,造成生物种歧异度随纬度增加而递减的原因是：愈靠近高纬度区域，气候环境（如温度）的变化愈激烈，能够适应的生物种类也愈少，异种竞争者的数目也愈少，少数能适应当地环境的种类得以大量繁殖，故种群内数量较低纬度地区多，反之则否。这一理论可以解释为什么单种类鱼群的渔业都分布在较高纬度的海域，而热带海域则多分布有多种类的渔业。就海洋垂直面看来也有类似的情形，分布在浅海海域的洄游性鱼类多以单种类出现，深海拖网水产业所得种类则比较复杂（因为底栖生态环境较海面稳定，故造成海底鱼种比较复杂）。

天然水产资源主要具有下述特性：

（1）新旧更替和自身调节。天然水产资源的新旧更替是通过水生动植物的繁殖、生长和死亡进行的。繁殖和生长使其数量得到补充和增加，自然死亡和捕捞死亡使其数量减少。补充量加生长量减去自然死亡量，则为自然增长量或称剩余生产量。天然水生动植物的种或种群是通过一定形式的自身调节反应来适应多变的水域环境的。在相对稳定的环境条件下，一个未开发的水产资源种群的自身调节能使其数量波动于某一最大水平上，这时的平均资源量称为原始资源量。当人类对其进行开发后，资源量开始下降，但天然水产资源的自身调节能力可使其补充和生长的数量大于自然死亡量。随着捕捞强度的增加，一方面水产资源量继续下降，另一方面自然增长量则逐渐增加。如果捕去的量等于自然增长量，水产资源量就可保持相对稳定，因此捕去的那部分就可称为平衡渔获量或持续产量。当天然水产资源量下降到某一限度时，自然增长量达到最大值，这时的平衡渔获量称最大平衡渔获量，又称最大持续产量，这时的天然水产资源量则称最佳资源量。当天然水产资源量低于最佳资源量时，自然增长量则随着水产资源量的下降而减少。因此，如果在获得最大平衡渔获量之后继续增加捕捞强度，即使产量可能暂时有所增加，但随之而来的便是产量的下降，造成捕捞过度。由于天然水产资源具有自身调节能力，因此在正常的环境条件下，只要合理捕捞，天然水产资源种群就可长期延续，持续为人类所利用。

（2）游动性。除少数固着性水生生物外，绝大多数水产动物都有在水中洄游移动的习性。一般来说,甲壳类和斧足类的移动范围较小,鱼类和哺乳类的移动范围较大;而溯河产卵的大马哈鱼以及大洋性鱼类,有些可移动达1 000多海里,如金枪鱼可从加利福尼亚外海洄游到日本外海。许多水生动物种类产卵时洄游到近岸海区,产卵后游向外海,其在发育的不同阶段生活于不同海区。因此有些种类的水产资源管理必须由有关国家共同组成的国际机构进行。

(3)波动性。水生生物对诸如温度、盐度、水流、溶氧量、营养盐和饵料生物等的变化有很大的敏感性。它们对水域生态环境的变化虽有一定的适应能力,但当变化超过可耐量时其繁殖和生长就会受到严重影响,甚至引起大量死亡。人类对水产资源的捕捞行动,往往可以引起天然水产资源种群和数量的急剧变动,还可引起一个水域水产资源种类组成的变化。这些都是造成天然水产资源数量波动和水产业发展尚不稳定的重要原因。

(4)生产潜力低。天然水域生态系统的食物链主要从浮游植物开始。天然水域生态系统的初级生产力一般低于陆地生态系统,人类利用的鱼类和其他经济水生生物的营养层次一般都比陆地经济动物的高。由于天然水域生态系统的食物关系比陆地生态系统复杂,在食物转换过程中能量损失较大,因此天然水域生态系统的生产潜力比陆地生态系统要小。

(5)种类和分布。天然水产资源的分布是不均匀的。不同水域的水产资源密度不同,水产资源种类组成也不一。一般初级生产力大的水域,其水产资源的密度较大;大陆架海区的水产资源密度比深海大;涌升流海区的水产资源密度比非涌升流海区大。由于许多水产资源种类有明显的昼夜垂直移动和季节性洄游习性,同时不同生长发育阶段对环境的要求不同,造成分布场所常有很大的变化。因而许多鱼类有幼鱼肥育场、产卵场、越冬场和索饵场的区分。

2.1.3 水产资源综合生产能力的基本含义

水产资源综合生产能力作为一个衡量一个国家或地区水产品生产水平与实力的概念,也是在社会经济需求不断扩大、人类对影响水产品生产发展因素的认识逐渐深化的过程中提出来的。水产资源生产能力,是在一定地区、一定时期和一定经济技术条件下,由水产业生产诸多要素综合投入所形成的、可以相对稳定实现的水产业综合产出水平。水产资源生产能力的大小,既取决于水产资源、生产资料、水产机械和人力投入的多少,也取决于水产业科技水平的高低和水产业抗灾能力的强弱。水产资源综合生产能力是农业综合生产能力的重要内容。

随着社会经济发展与居民生活水平的提高,人们对绿色、有机、安全水产品的需求越来越多。加之,中国加入WTO后,国内外市场更加青睐高品质、食用安全的水产品。因此,衡量或评价水产资源综合生产能力时,不仅要研究其水产品产出能力,还要分析其所产出水产品的品质、质量与食用安全水平,以及捕捞区域水生物种群的恢复与增殖能力等。而且随着现代水产品苗种繁育技术、养殖技术、加工技术的进步,水产资源开发利用的范围更加广泛,国内水产资源综合生产能力也会逐步提高。

2.1.4 水产资源综合生产能力安全阈值的概念

阈值(threshold)又叫临界值,是指一个效应能够产生的最低值或最高值。此名词广泛用于各方面,包括建筑学、生物学、航空、化学、电信、电学、心理学等;而阈值法则是一种传统的图像分割方法。另有解释为恕限值(Threshold Limit Value,TLV),亦称阈值,其为化学物质浓度在人体代谢仍未受影响情况下的最高值,一般危害性越强的物质,其恕限值越低。例如,当工作场所的毒性物质在空气中的浓度接近恕限值时,必须强制对工人做定期检测。而检测的结果必须与经由研究过的物质参考值及恕限值比较。形象地说,阈值是当对生命体系等进行刺激时,虽然其对小刺激不会产生反应,但当刺激超过某限度时生命体系等就会激烈反应的这种界限值。

"阈值规则"即对单个性能计数器进行设置,以在负载测试过程中监视系统资源使用情况的规则。计数器集定义中包含有许多关键性能计数器的预定义阈值规则。阈值分为两种:警告阈值和临界阈值。在创建阈值规则时,还可以设置规则的等级。等级即警告阈值和临界阈值。在查看负载测试运行时,警告等级阈值冲突用一个黄色的符号表示,临界等级阈值冲突用一个红色的符号表示。本书要探讨的是安全阈值,如与上述阈值规则的等级联系起来的话,安全阈值则是指系统正常运行、可以持续的指标数值。

生态阈值即环境容量,是指某一环境区域内对人类活动造成的影响的最大容纳量。大气、土地、动植物等都有承受污染物的最高限制。生态系统虽然具有自我调节能力,但只能在一定范围内、一定条件下起作用,如果干扰过大,超出了生态系统本身的调节能力,生态平衡就会被破坏,这个临界限度称为生态阈值(生态阈限)。

生态阈值决定于环境的质量和生物的数量。在阈限内,生态系统能承受一定程度的外界压力和冲击,具有一定程度的自我调节能力。超过阈值,自我调节不再起作用,系统也就难于回到原初的生态平衡状态。生态阈限的大小决定于生态系统的成熟程度。生态系统越成熟,它的种类组成越多,营养结构越复杂,稳定性越大,对外界的压力或冲击的抵抗能力也越大,即阈值高;相反一个简单的人工生态系统,则阈值低。

当外界干扰远远超过了生态阈值,生态系统的自我调节能力已不能抵御对其的影响,从而造成生态系统不能恢复到原初状态时,则称为"生态失调"。生态失调的基本标志可以从生态系统的结构和功能这两方面的不同水平上表现出来,如一个或几个组分缺损、生产者或消费者种群结构变化、能量流动受阻、食物链中断等。

水产资源综合生产能力安全阈值是指确保国家食物安全战略中可以使得水产资源生产能力可持续发展的水产资源开发利用的合理指标,以促进水产资源生态环境容量稳步提高。由于近年中国水产资源的快速开发,已影响到其生态系统的调节能力,因此国家从1999年开始对海洋捕捞实施"零增长"战略,而且实际执行时,海洋捕捞量还略有调减。"零增长"就是中国政府对海洋水产资源开发制定的安全阈值。

2.2 水产资源综合生产能力测度方法

渔业产量、产值是衡量渔业产出能力的总量指标,是国家整体水产生产能力的标志,随着水产资源的开发利用越来越深入,中国的渔业生产(包括淡水养殖、海水养殖)总量、总值指标已进入世界前列,全国人均水产品占有量已超过世界平均水平。产业规模是衡量渔业发展程度和发展能力的总量指标。中国渔业的产业规模可以说是世界上最大的。1997年底中国养殖面积海淡水共达589万 hm^2。机动渔船45.9万艘,比日本渔船最多时的40万艘还多10%以上。其中,大马力*渔船数(600马力以上)超过俄罗斯鼎盛时期1 100艘的近1倍,1997年达到2 078艘。渔业机械拥有量也是世界上最多的国家。远洋渔业固定资产每年增加达30亿元以上。但按人均水平计算,仍属发展中国家水平,不到世界人均水平的70%,排名仍然较靠后(刘大安等 1999)。

2.2.1 水产资源评估方法

水产资源是水产资源生产能力的自然基础,水产资源评估是水产资源生产能力测试的基础。目前常用的水产资源评估模型主要有产量模型(production model)、延持差异模型(delay difference)、消耗模型(depletion model)和年龄结构模型(age structured model)。水产资源评估模型在其初期研究阶段模拟水产资源变化与发展规律的效果较好,但因受到过度开发等人类不合理方式的干预,导致水产资源中出现一些经济种群资源衰退,非经济种群资源快速增长,从而单一的水产资源评估模型的缺陷日益为更多的研究者所认识,人们开始寻求多种群模式的研究开发,致力于水产资源生态学模型研究,关注水产资源种群间相互作用的研究。而且计算机模型、卫星遥感和声学评估等高新技术的不断发展,也为水产资源评估和生产能力的测度提供了更完美的技术和更系统的方法。多种群模型的研究开发正在成为中国水产资源研究的主攻方向(方航 2007)。

随着世界范围内环境的变迁和海洋捕捞强度的不断增加,一些经济价值较高的鱼类资源正在逐渐减少、衰竭、甚至消亡,对生态环境的多样性以及人类社会的经济发展均带来了负面的影响。因此,合理利

---

* 1马力=735 W,下同

用海洋水产资源,制止资源量的下降趋势已是当前全世界渔业管理工作最为迫切的任务。要做好这方面的工作,就必须在全球范围内减少海洋捕捞能力,这一点在国际渔业管理上业已达成共识(周应祺等 2002)。

2.2.2 捕捞能力的计量

捕捞能力的计量可分为基于产出的计量(output oriented measure)和基于投入的计量(input oriented measure)。前者着眼于在给定的投入水平下的最大的潜在产出;而后者则致力于在获得确定的产出的前提下,使投入最小(或利润、税收最大)。"经济能力"的计量是基于投入的计量。对捕捞能力技术定义的计量,既可用基于产出的计量,也可用基于投入的计量。其中,专家们称基于产出计量的能力为"生产能力"(Production capacity),而基于投入计量的能力则称为"物质能力"(Physical capacity)。"物质能力"是指在给定的产出水平下的最小投入数,它主要从资金投入的角度着手,可以用渔船数、总吨位和总功率等来描述。"生产能力"则是在投入一定的情况下的最大产出值,它从实际产出着手,通过渔获量来进行计量(周应祺等 2002)。

需要说明的是,专家们一致认为,从产出来计量海洋捕捞能力是恰当的,并强调"'生产能力'是一种最好的实际的边界",它反映分析时段内最有效的船只的生产能力。因此,"生产能力"是研究捕捞能力时的重点。同时,专家们还指出:在"生产能力"和"物质能力"所对应的两种计量方式间,寻找互相转换的关系也是必要的。因为渔业管理工作者和其他有关人员一般都喜欢用基于投入的计量,即"物质能力"进行计算,例如,应用船数、功率和船的尺寸等来衡量过度捕捞的程度。但是,专家们也提醒:除非有严格的限制条件,否则在它们之间不可能有一对一的对应关系。譬如,一艘船的"生产能力"是 10 t,但 100 t 的产出对应的"物质能力"不一定恰是 10 艘船,因为船与船之间可能会存在相互制约的关系。

另外,在用上述方法估计"捕捞能力"的时候,应该注意到:由于目前海洋渔业资源,特别是主要经济鱼类资源已经明显地衰退,在这种资源状况下,按照上述方法由产量估计得到的"捕捞能力"的值,与其实际具有的"能力"相比,往往偏低,会造成对问题严重性的估计不足。所以,在渔业管理实践中,应意识到,根据这个估计所要求削减的渔船数一般总是比实际应该要求的少,故需不断地按照新的情况进行修正。从本质上讲,这也是由"能力"的动态性和短期性所决定的。

2.2.3 养殖能力的计量

养殖能力的计量可参照的方法之一是海洋生态动力学模式。海洋生态动力学模式是阐明海洋生物体的数量、分布和变动与食物条件、摄食和非生境变化之间关系的一种研究方法。该模式主要包括质量平衡模式和模拟模式两类,质量平衡模式能通过研究给我们提供一幅海洋生态系统内部各主要功能单位间物质和能量流通量的静态示意图;模拟模式则描述一系列时间和状态变量发生变化的通量,模拟模式包括运动维度。20 世纪 90 年代以来,海洋生态动力学模式有了新的飞跃,日渐成为海洋生态学模式的主流(柯学 2006)。

可参照的方法之二是生态足迹模型(ecological footprint model)。生态足迹(ecological footprint)是指在现有技术条件下,按空间面积计量的支持一个特定地区的经济和人口的物质、能源消费和废弃物处理所要求的土地和水等自然资本的数量。该模型从具体的生物物理量角度研究自然资源消费的空间,将测算某自然资源消费的空间(生态足迹),与地区的生态承载力进行比较,来衡量区域的可持续发展状况。水产业界研究水产资源可持续发展的水产品生产能力也可以尝试运用生态足迹模型。

2.2.4 综合生产能力的计量

综合生产能力的计量可采用经济数学模型(economy-mathematical model),即将经济活动中数量关系简化的数学表达,简称经济模型。在此,应用非线性模型中的指数模型组合来处理对水产资源综合生产能力的计量。按时间年份的不同反映水产资源总产出、海洋捕捞、海洋养殖、淡水捕捞、淡水养殖产量增长变化的经济数量关系;动态模拟反映未来一定时期的水产资源生产能力发展变化的可能结果。由于水产品总产量的预测方程在短期预测中误差较大,与真实值呈持续偏离的趋势,因此采取先分项估计产量再合计估计总产量的方法,以避开直接估计总产量带来的较大误差。

2.3 水产资源综合生产能力培育理论

中国是世界上人口最多的国家,政府官员与专家学者长期以来重视的是提高粮食产出,重点培育中国主产区粮食生产能力。2003 年末农业部负责人在西安召开的 2003 年中国农业高新科技论坛上提出为了尽快保护和提高粮食产出能力,中央将重点支持粮食主产区提高粮食生产能力、发展粮食产业和区域经济。同时,提出在今后一段时期里,保护和提高粮食综合生产能力要实现"三个转变",即由传统的单一粮食观向多元化食物观转变,由"藏粮于库"向"藏粮于地"与"藏粮于库"有机结合转变,由一般化抓粮食生产向重点抓粮食主产区和优势产区转变,要突出粮食主产区和优势产区生产能力的培育,全面满足人们对食物的需求。还提出,要加大耕地资源的保护力度,确保粮食面积的稳定和恢复;加强农业基础设施建设,增加科技储备;提高种粮效益,充分调动种粮农民的积极性。

水产资源综合生产能力发展研究的重点是水产资源综合生产能力的培育理论,即研究水产资源生态系统的基本规律,以提高其综合生产能力(即潜在生产量的提高)。不仅要重视水产资源自然生产能力的培育,更要重视能够促进水产资源生产力持续发展的生态环境建设、经营机制与管理制度建设及科技储备积累等。在坚持以科学发展观为指导的前提下,在加强现有水产资源生产能力保护的同时,加大水产资源生态更新能力培育的力度,加快水产品增长方式向内涵式增长的转变,提高水产资源综合生产能力的同时增加其水域的生态环境容量。综合运用多种手段提高水产资源利用效率,拓展食物来源,走一条资源节约型、环境友好型的水产资源综合生产能力发展的新路子。

水产资源综合生产能力培育重点包括以下五个方面:

(1)资源保障能力的培育。在海洋捕捞实施"零增长"战略的情况下,水产资源养殖能力与水平需要有一个较大幅度的提高。在城乡居民水产品消费水平进一步提高的情况下,必须靠提高水产品养殖生产率等科技支持措施来实现水产品产量的进一步提高。

(2)环境友好生产方式的培育。培育保持中国水产资源开发利用形式和规模,形成稳定增长的机制,保障能力得以大大增强。水产品生产方式要使水产资源的有效利用率提高,需要进一步改善渔药品种结构,推广先进药械和低毒无残留渔药,提高利用率;加大水产种苗科研投入,加快新品种更新换代步伐。

(3)科技支撑能力的培育。水产资源开发是技术与资金密集型产业,因此,要加强水产资源开发利用科技能力的培育和建设。

(4)抗御风险能力的培育。水产品生产遭受自然灾害损失的风险较大,要培育较为完备的水产生产防灾减灾体系,培育水产资源生产体系化解市场风险的能力。

(5)政策支持保护体系的培育。中国水产生产政策支持保护体系框架已具雏形,要进一步建立和培育与持续发展相适应、与国际规则接轨的水产资源开发政策支持保护体系。

第 3 章 水产资源综合生产能力的影响因素

水产资源生产能力依赖于水产资源要素的影响,不仅体现在水产资源的种群数量与质量的改善及变化会影响水产资源生产能力,而且养殖水体的数量、质量同样也对水产资源生产能力产生影响。水产资源生产能力是一个动态发展变化的概念,通过储备增殖水产资源的形态,提高水产资源的还原能力与转换能力。此外,水产养殖的发展主要受市场需求、生产方式和加工技术水平等方面的影响。

3.1 水产资源是影响水产资源综合生产能力的基础

中国海域辽阔,江河湖泊众多,为水生生物提供了良好的繁衍空间和生存条件。受独特的气候、地理及历史等因素的影响,中国水生生物具有特有程度高、孑遗物种数量大、生态系统类型齐全等特点。中国现有水生生物 2 万多种,在世界生物多样性中占有重要地位。丰富的水生生物是人类重要的食物蛋白来源和渔业发展的物质基础。养护和合理利用水生生物资源对促进渔业可持续发展、维护国家生态安全具有重要意义。水产资源主要包括海洋水产资源和内陆水产资源。海洋水产资源又包括海域资源、沿海滩涂资源、海洋生物资源。海域是指一定范围的海洋区域,包括水面、水体和海底。海涂是指大潮高潮位与低潮位之间的地域及其生物,包括沿海滩涂、滨海沼泽地和河口滩地。据《中国海岸带和海涂资源综合调查专业报告集》(陈吉余 1993),中国高高潮至低低潮之间的潮间带滩涂面积为 213.33 hm^2。中国海域辽阔,生物多样性较高,海洋生物资源丰富,渔业资源品种繁多,这些为中国海洋渔业的发展创造了优越条件。

但资源环境的刚性约束与渔业可持续发展之间的矛盾日益突出。随着工业的发展、城市的扩容、沿海经济社会发展与人口的不断增长,沿海、城郊优良的渔业水域和滩涂被大量占用,传统的养殖区域受到挤压,资源不足的矛盾日益突出,旅游、航运等产业开发与渔业发展的矛盾日益尖锐;大型水利工程建设改变了水生生物赖以栖息的生态环境,部分宜渔水域受到污染,鱼类的产卵场遭受破坏,珍稀水生野生动植物濒危程度加剧;沿海捕捞渔船多、渔民转产转业安置困难的现状加剧了渔民生产生活与资源保护的矛盾和难度;海域污染加重、过度捕捞及各类海洋海岸工程建设增加等诸多因素,直接导致了中国大量海洋生物的栖息地遭到破坏,水产资源严重衰退,生态环境不断恶化,部分海域甚至出现生态荒漠化趋势,严重制约着中国海洋渔业的可持续发展(《全国渔业发展第十一个五年规划》)。国务院于 2006 年 2 月 14 日批准实施了《中国水生生物资源养护行动纲要》,提出要实施渔业资源保护与增殖、生物多样性保护与濒危物种保护及水域生态保护与修复三项重点行动。2006 年 5 月 28 日在山东的"黄渤海区渔业资源增殖放流仪式"上,农业部副部长范小建表示:近年来沿海各地组织实施一系列海洋生物资源养护管理制度和措施,取得了一定成效,但总体上看水产资源衰退尚未得到有效遏制,养护海洋生物资源仍是当前一项非常紧迫的重要任务。养护水生生物资源是一项长期而艰巨的任务,各级政府要积极行动,采取切实措施,共同推动全国渔业经济更加健康地发展。

3.2 养殖与加工技术影响水产资源综合生产能力的增强与水平提升

传统养殖方法将各类鲤科鱼类混合饲养,即按一定比例一起放养,以充分利用池塘资源。池塘中,草鱼是草食性鱼类,一般喂草;投入池塘的粪便及草鱼的粪便会刺激藻类生长,给过滤摄食的白鲢和鳙鱼提供食物;肉食性青鱼吃蠕虫及螺丝;杂食性鲤鱼专吃小生物及食物残渣。农户可调整各种鱼的比例以获取高产。此外,水产养殖的设备、技术水平,机动渔船的机械装备、助渔导航仪器和深海捕捞技术等远洋渔业生产能力也会影响水产资源生产能力。进而水产品加工水平、水产科研教育基础,以及从业人员受教育程度和专业技术水平,也会严重影响水产资源生产能力的提高。因此要合理开发、有效利用各种水产资源,发展集约化水产养殖,从而提高水产品质量和水产业效益。例如利用遗传基因工程技术,培育、改良鱼虾贝藻的种苗和幼仔,使其成长快、生命力强、肉质好。1984年美国通过基因重组技术,使贝类、鲍鱼的养殖产量提高了25%。科学家根据所发现的几种鱼类的生长激素基因,进行了基因分离和转移实验,1986年成功地将虹鳟鱼生长激素基因转移到鲇鱼中,使鲇鱼养殖周期缩短一半以上。从南极鱼类中分离抗冻基因,将其转移到大西洋鲑鱼中,增加了鲑鱼的抗寒能力,扩大了其养殖地区。利用细胞工程进行鱼类性别控制研究,培养出全雌性鲑鱼和对虾、全雄性罗非鱼等,这对于进行大量人工育种有重大意义。目前,科学家正在研究通过控制遗传基因使具有洄游习性的某种鱼,能对声波和光线做出反应,以便对其进行科学管理。现在越来越多的高技术用于鱼类品种的改良上,大大促进了水产资源综合生产能力的提高。

  水产品加工技术是影响水产资源生产能力的关键环节,水产品只有通过加工才能扩大销售半径,并进一步提高产品档次,实现更高的附加价值。以罗非鱼加工为例,最近10年来中国罗非鱼养殖发展迅速,中国已经成为世界上最大的罗非鱼养殖生产国家,产量占世界的55%,绝大部分都通过鲜鱼形式销售。目前主要罗非鱼加工产品有三类:其一,罗非鱼冷冻全鱼(去鳞、去内脏、去鳃),此类产品技术要求低,价格也较低,而且罗非鱼加工后下脚料多,需进一步加工利用;其二,冷冻罗非鱼鱼片,此类产品加工技术要求较高,鱼片价值也高;其三,冰冻鲜鱼片,此类产品技术含量高,价值也最高,受欧美消费者青睐。中国目前罗非鱼产品出口主要以冷冻罗非鱼全鱼为主,也就是去鳞、去内脏的条冻罗非鱼。罗非鱼条冻加工科技含量及附加值低,难以适应市场竞争。从出口统计量看,条冻目前占整个罗非鱼产品出口量的70%,但这种产品技术含量低,市场的价格也较低,在西方国家中市场销售的定位主要是低收入阶层,此类产品主要市场是在非洲、中东、墨西哥等地区。中国目前很多罗非鱼加工企业就是以此类产品为主,由于销售量有限、价格低、利润低,企业发展缓慢,甚至处于半生产半停工状态。

在中国,水产品鲜活销售量占总渔获量的65%~70%。在剩余的保鲜加工品中,有70%是冷冻、冷藏保鲜的。随着人们对环境污染的关注和对自身健康的保护,国内居民对水产品的质量与食用安全性越来越关注。同时,中国还是世界水产品出口大国,近年来世界各国对食品加工卫生的要求越来越严格,已从原先的进口食品检验检疫转向有害生物风险危害分析和对产品生产、加工、贮存的全过程监控,并采取对出口生产企业按法规和技术要求进行认证的注册管理制度。以HACCP为基础的水产品认证注册制度已被世界上许多国家和地区所采纳,而欧美等发达国家还以法规的形式在本国和进口水产品中强制实行。因此,水产品加工企业突破HACCP这一技术壁垒,成为扩大中国水产品对外出口的重要环节。

3.3 水产品市场影响水产资源生产能力的规模增长

水产品市场需求的稳步增长是水产资源生产能力规模扩张的推动力,其为拓展渔业发展空间创造了条件。随着中国经济的发展和人民生活水平的提高,水产品的消费结构也将趋于优质化、多样化。中国水产资源生产能力的不断增长与渔业经济的高速发展,不但满足了中国人口增长及经济收入水平提高对水产品的总量需求的增加,也满足了城乡居民消费方式变化对水产品质量和结构性的需求。同时中国还是国际水产品市场上重要的水产品出口国,2000年中国水产品出口量首次超过畜产品的出口量,水产品已成为农业中最大的出口创汇产品。中国是水产品的净出口国,近10年来贸易顺差一般稳定在20亿美元左右,现已成为世界上第一大水产品出口国。水产业经济在农业经济中所占的地位也在不断提高,水产业产值占农业总产值的比重从1980

年的不足2%提高到1990年的5.4%,进而提高到2008年的10%左右。在水产品总产量持续高速增长的同时,中国水产品生产结构也在发生重大的变化——水产养殖产品迅猛增加,水产捕捞产量实现"零增长"计划目标。2008年,中国海洋水产产量占水产品总产量的近53%,内陆水产品产量达到47%以上,而且水产养殖产量占水产品总产量的70%以上。

但加入WTO对中国水产品生产既提供了发展的机遇,也带来了严峻的挑战。机遇使中国的水产品生产面临更为广阔的市场,挑战则意味着水产品必须建立完善的食用安全生产技术规范、标准与检验检测等技术规程与体系。长期以来,中国水产品除进出口外,在国内市场进行的销售不进行检疫。近年国内主要城市已开始对鱼虾的生产过程进行检疫。从2001年10月1日起,中国在全国范围内实施的首批73项无公害农产品行业标准中,有关水产品的标准就有23项,涉及产品产地环境条件、生产技术规范、产品质量安全标准及相应的检测检验方法和标准等。无公害水产品标准规定了水产养殖用水标准,以及大宗海水、淡水养殖鱼类、藻类、贝类、对虾、中华鳖、鳗鲡、河蟹的养殖技术规范和产品质量安全标准。此外,还规定了与水产品质量安全密切相关的水产饲料安全限量、渔药使用准则、水产品中渔药残留和有毒有害物质限量标准等。2003年,卫生部发布了《食品安全行动计划》,用以指导近年全国的食品卫生监督管理工作。

据预测,2001—2010年中国水产品总需求量将以每年2.3%的速度增长,全球人均水产品消费量也将由16 kg增加到2030年的19~21 kg。由于世界范围内的海洋渔业资源呈衰退趋势,未来国际水产品消费市场的缺口将主要依赖于养殖产品补充。中国渔业具有养殖生产规模大、技术先进、劳动力资源丰富、加工能力强等优势。国内外水产品市场需求增长将有利于中国水产业竞争优势的发挥,其也将为中国渔业发展跻身于世界渔业强国提供广阔的空间(见《全国渔业发展第十一个五年规划》)。

3.4 水产品产地生态环境影响水产资源综合生产能力的持续性

不同种类的水产资源有不同的习性和分布方式。大部分的海洋水产资源,如鱼类、甲壳类等,都分布在沿岸与陆地附近,即离岸 200 海里内的地区,主要分布在表层阳光可到达的地方,即水深约 100 m 以内的地方。陆地是影响水产资源分布的重要因素,因为陆地上所有的河川最后都流到海里,带来营养盐。海洋中的植物生长所需要的营养物质,大部分是通过陆地冲刷而来的。再就是阳光因素,植物的成长需要阳光,海水本身有吸收阳光的作用。另外所有的生物都有生物行为,大部分的鱼类都会居住在沿岸附近。而且,陆地沿岸海区还有洋流作用,洋流会带来很多刚孵化的小鱼所需的浮游生物。另外,涌升洋流可将海底的一些营养盐带上来。由于洋流与大陆坡的交互作用,在这些有冷暖流交汇和涌升流所在的地区,就形成了著名的渔场,也因此目前世界上各国竞相实施 200 海里经济海域的制度。

近年来由于水域污染、人类活动等因素的影响,导致水域生态环境不断恶化,造成渔业资源严重衰退,大量水生生物栖息地遭到破坏。人们片面追求高产,酷渔滥捕,鱼越打越小,有的已形不成鱼汛,有的几近绝种。工业污染严重影响了水产品的生产,内陆水域建闸筑坝,隔断了鱼蟹洄游通道;围湖垦殖,使水面大量缩小,产卵场遭到破坏;水域污染日益严重,有的江河鱼已绝迹。受海洋污染、捕捞强度过大的影响,近海渔业资源继续衰退,同时中日、中韩渔业协定的实施,使得渔捞空间大大缩小,捕捞生产效益与水产资源生产能力下降。

3.5 国家产业政策与全球经济一体化影响中国水产资源综合生产能力的增长

目前中国还没有制定完善的水域功能规划,特别是渔业水域规划制度,因此无法从根源上防止对水域渔业功能的损害。在渔业损害或水域侵占的赔偿和补偿上，由于中国缺乏健全的制度体系，致使渔业水域被占用或损害，难以获得补偿或赔偿。即使有法可依的水域污染损害赔偿，目前也主要限于对养殖水产品直接损失的赔偿，缺乏对天然渔业资源损害及水质恶化产生的潜在损失的赔偿机制。在渔业资源管理方面，中国目前尚未实行产出控制制度（该制度已成为渔业发达国家主要管理制度），而只是从捕捞投入角度进行管理。尽管中国政府不断加强渔业管理，实施了一系列保护渔业资源、控制捕捞强度的管理措施。但这些措施由于其自身的局限性以及由于一些措施未能真正贯彻执行、渔业管理部门执法能力不足等原因，尚不能充分发挥其应有的作用，渔业资源的衰退趋势仍未能得到有效遏止，捕捞投入增长仍在持续。在新国际海洋法制度下，中国分别同日本、韩国、越南签署的渔业协定使得中国海洋传统作业渔场大大缩小，进一步加剧了海洋渔业的内部竞争。

近年中国政府正在逐步调整中国渔业发展政策，"十五"期间启动了全国养殖证制度建设；制定和公布了《中国水生生物资源养护行动纲要》；巩固和完善了海洋伏休制度，全面实施了长江禁渔制度，沿海11个省（市、区）、沿江10个省（市、区）及香港、澳门特别行政区近百万渔民实行休渔禁渔；广泛开展了渔业资源增殖放流活动，积极促进资源养护，"十五"期间，全国累计放流水产苗种442亿尾（粒）、国家重点保护水生野生动物100多万尾（头）；2002年起实施沿海捕捞渔民转产转业政策，拆解报废近海渔船1.4万艘，培训转产转业渔民8万人；首次开展了全国渔港、渔船和水产苗种场普查工作，规范了渔业行政审批和监督管理；加强了海域、界江、界河巡航检查，中国渔政积极参与了双边协定水域和北太平洋渔业联合执法，树立了中国负责任渔业大国的形象，专属经济区渔业管理体制初步建立。《中华人民共和国国民经济和社会发展第十一个五年规划纲要》明确了"积极发展水产业，保护和合理利用渔业资源"的发展原则；农业部养殖增长方式转变等"九大行动"的实施为渔业加速步入科学发展的轨道创造了条件。总之，在"十一五"期间，中国渔业发展将处于一个有利的宏观环境之中（见《全国渔业发展第十一个五年规划》）。

第4章　中国水产资源布局演变规律

随着人口的增长,人类赖以生存的陆地空间已不堪重负。人类面临着人口、粮食和环境等问题。地球上 80% 的生物资源分布在海洋里,海洋给人类提供食物的能力是陆地的 1 000 倍。在海洋生态不受破坏的情况下,海洋每年可向人类提供 30 亿 t 水产品。因此,海洋的开发利用潜力巨大,前景广阔。数个世纪以来,水产养殖(鱼类、贝类及水生植物)大部分作为一种小规模自给行为存在,产量较低。但水产养殖于 20 世纪 70 年代急速增长,水产养殖业突飞猛进,目前已成为全球增长最快的食物生产体系。

4.1　中国水产资源的开发利用历史

中国的水产资源开发利用历史悠久,早在 3 000 年前,中国的农民已开始淡水鱼塘养鱼;公元前 460 年范蠡的《养鱼经》是世界上最早的养鱼文献。2000 年前,中国又开始在沿海养殖软体水产。人工养殖珍珠贝最早始于中国南海。13 世纪中国发明了佛珠养殖法。驰名中外的"南珠"产于中国北部湾沿岸一带的合浦、北海、东兴等地,这里素有"珍珠故乡"之称。广东深圳养殖牡蛎相传已有 300 多年历史。中国在渔业生产方面积累了丰富的经验,有许多传统的技术,但由于历史原因,发展十分缓慢。新中国成立时全国水产品产量只有 44.8 万 t,人均占有量不足 1 kg。

4.1.1 水产养殖由稳步增长到快速发展

中国的水产养殖从20世纪50年代至70年代一直稳步增长。在这期间,研究人员掌握了向鱼体注射荷尔蒙促使其产卵的方法。该方法类似于向牛或其他家畜注射荷尔蒙使其排卵。1958年中国家鱼人工繁殖成功,解决了国内外长期不能解决的淡水鱼养殖的关键问题。国营孵化场具备大批生产鱼苗的能力,但需要更多的鱼农来放养这些鱼苗。中国普遍养殖的淡水鱼种类以鲤鱼、鲫鱼、青鱼、草鱼、鲢鱼、鳙鱼、鲂鱼、鳊鱼、鲮鱼为主,还从国外引进了鳟鱼、罗非鱼、罗氏沼虾等。采用粗放的外荡养殖方法的有鳜鱼、鲶鱼等肉食性鱼类。此外,淡水湖泊中还放养河蟹和养蚌育珠,成果显著。

20世纪70年代后期,中国开展了一系列经济改革,逐步鼓励企业化经营,取消计划经济。这些改革措施使得个体户可以在自己的鱼塘养鱼,并就近销售,水产养殖就这样起步了。改革开放30多年来,中国水产养殖业以每年16%以上的速度快速发展。水产品总产量持续大幅度增长,1950年仅为91.2万t,1988年为1 000万t,1994年为2 000万t,2000年为4 278.99万t,已连续多年居世界首位,约占世界总渔获量(约1亿t)的1/3。2000年中国水产养殖产量达2 578万t,约占世界养殖产量的54%。水产品人均占有量,从1978年的4.8 kg提高到2000年的33.8 kg。中国淡水养鱼的历史悠久,中国是世界上内陆水产业较发达国家之一,其产量一般占世界内陆水域产量的1/10。

中国养殖的海带自日本北海道移植而来,20世纪50年代已由黄海南部转移到浙江、福建、广东养殖,现已为海水养殖中产量最高的品种,1990年产量达24.4万t,约占海水养殖总产量的15.2%。目前中国养殖的鱼、虾、贝、藻类总计有60多种,主要品种有海带、牡蛎、珍珠贝、鲍鱼、紫菜、对虾、海参、扇贝、梭鱼、鲻鱼等。中国台湾省养殖斑节对虾和遮目鱼较为发达。1990年中国海水养殖产量达162.4万t,跃居世界各国之首。最近几年,中国的水产养殖产量占全球总量的2/3。中国水产品中90%是有鳍鱼,特别是中华鲤科品种,包括白鲢鱼、草鱼、鲤鱼、鳊鱼、欧洲鲫鱼、青鱼等。

在这一时期,增加的水产品总量绝对量中养殖业贡献率为61%,养殖品种也呈现多样化、优质化的发展特点。随着生产规模不断扩大,集约化水平和水产科技水平的不断提高,养殖业在产业结构和经营方式上正在走向"四个转化",即由劳动密集型向技术密集型转化,由单纯的养殖技术型向科研、养殖、加工、销售一体化转化,由传统渔业向设施渔业方向转化,由分散、小规模经营向适度规模经营方向转化。

4.1.2 水产养殖技术进步推动水产业发展

中国的科技进步对水产业经济增长的贡献率不断提高,"六五"期间为35%,"七五"期间为42%,"八五"期间为46%,"九五"期间已超过48%,"十五"期间达到50%以上。目前共建成中央、省、市专业水产科研单位200余个,国家行政事业单位拥有的水产科技干部约3万多人。初步建成学科齐全、门类众多,也是世界上规模最大的水产科技体系。

中国水产养殖方面推广应用的科技成果主要有:海水养殖方面,在20世纪50和60年代分别改造了海带、紫菜人工育苗和全人工养殖技术;20世纪70年代解决了贻贝养殖技术;20世纪80年代突破了对虾、扇贝、鲍鱼等海珍品的人工育苗和养殖技术;20世纪90年代在海水鱼,如真鲷、黑鲷、牙鲆、梭鱼、河豚、鲈鱼、石斑鱼、鲻鱼、大黄鱼等人工育苗和养殖等技术方面陆续取得新的进展。淡水养殖方面,20世纪50年代突破了青、草、鲢、鳙"四大家鱼"的人工繁殖技术;20世纪60年代解决了农、渔、牧相结合的综合养鱼技术;20世纪70年代攻克了池塘精养高产技术;20世纪80年代在鱼类遗传育种、基因工程技术应用、河蟹人工育苗、大面积连片池塘高产综合养殖技术,以及在湖泊、水库、河道等大中型水域开展网围、网拦、网箱"三网"养殖技术等方面都取得了重大进展;20世纪90年代在名特优新品种,如鳗鱼、甲鱼、鳜鱼、蛙类、鲟鱼等养殖技术,以及草鱼出血病、主要养殖鱼类细菌性暴发病防治技术等方面取得了一系列的成果,同时在鱼类转基因技术等高新技术研究方面也取得了新的进展。无论是海水养殖还是淡水养殖,在多种生产养殖技术方面目前中国已达到世界先进水平,但在科技进步贡献率和总体科技水平上,与发达国家相比还存在较大的差距,虽居发展中国家首位,但仍只能算作中等水平。

中国科技进步对促进水产养殖业发展主要表现在:①水域利用率逐年提高;②开发新品种、新资源的能力增强;③人工控制程度和现代化程度较高的各种养殖方式得到较大发展,传统方式得到改造;④环境保护引起了广泛重视,养殖用水的循环利用技术、水质过滤和去污技术、水质自净化技术等可持续发展技术,越来越被生产者所接受。

4.1.3 水产资源开发管理日趋科学化

目前中国已初步构建了水产种质资源标准规范体系,跨地区、跨部门整合了70多个种质资源拥有单位;开发并建立了相应的水产种质资源信息数据库,实现了信息网络查询,初步形成了按区域布局、结构完整的全国性水产种质资源共享体系框架,为进一步开展水产种质资源共享平台建设,推动中国水产种质资源科研自主创新并实现社会化服务奠定了良好的基础。

为彻底摸清中国海洋生物资源情况,为合理开发利用海洋渔业资源、制定渔业长远发展规划提供科学依据,中国开始了历史上规模最大的海洋水产资源调查。按照全国统一部署,所有沿海城市于2006年7月15日、12月20日以及2007年分别进行夏季、冬季、春季、秋季四个航次的大型调查,每个航次历时45天,调查报告于2008年全部完成。本次调查涉及对经济鱼、虾、蟹及贝类产卵场和渔业资源重要栖息海域的调查,包括天津市所有海岸线,总长153.3 km,潮间带面积370.3 km^2,海域面积3 500 km^2。

同时,从2006年开始,农业部渔业局开始推动水产养殖业增长方式的变革。自实行"以养为主"的渔业发展方针以来,中国水产养殖尽管取得了举世瞩目的成就,但存在的一些问题也不容忽视。一些地方养殖方式粗放,养殖病害逐年增加,导致了药物滥用,造成水产品质量安全隐患增多;水产养殖生产中苗种遗传改良率很低,由此引发了养殖品种种质退化、抗逆性和抗病性差等问题;现在养殖生产大量直接投喂小杂鱼和饲料原料,有的还靠捕捞鱼苗进行养殖,这样的养殖方式对生态环境负面影响大,既不符合资源节约,也不符合环境友好的要求,必须转变。2006年是农业部实施"水产养殖业增长方式转变行动"的第一年,农业部渔业局先在以下几方面加强工作:一是全面推进养殖水域滩涂规划和养殖证发放工作,评选20个水域滩涂规划布局示范县,加快养殖水域滩涂规划的颁布实施,科学确定养殖密度,合理利用水域滩涂资源,完善养殖证制度;二是大力推广健康养殖模式如生态互补立体养殖方式等,改造传统老化池塘,提高水资源利用率,鼓励使用人工配合饲料养殖技术,逐步改变依赖投喂小杂鱼的养殖方式,建设100个水产生态养殖示范区(场)和5个工厂化循环水养殖示范场,带动健康养殖技术推广普及;三是完善水生动物疫病防控体系,建设150个县级水生动物疫病防治站,选择50家养殖基地开展微生态制剂等先进技术应用试点,选择20家草鱼养殖基地开展草鱼免疫预防试点,举办安全用药技术和方法培训班,培训渔民1 000户,辐射带动1万户,健全水产养殖病害测报和疫情报告制度,对出口水产品养殖基地用药记录和生产记录开展执法检查。同时,积极推进水产良种工程建设,加大良种培育和推广投入,选择主要养殖品种探索开展水产良种补贴的途径和办法。"水产养殖业增长方式转变行动"是整个"十一五"期间都要努力促进的重要工作。

4.2 中国水产资源的地区分布格局

中国水域广阔,水产资源品种繁多,总产量较高。中国的水产资源大致可分为鱼类、甲壳动物类、软体动物类、藻类和哺乳类。其中鱼类是水产资源中数量最大的类群。全世界约有3 000种鱼类,中国约有2 400多种,其中海洋鱼类约占3/5,其余为淡水鱼类。中国大多数海、淡水鱼类品种多、性成熟早、繁殖力强、生长快、补充能力大、适应性广,奠定了中国渔业生产的物质基础。中国海洋资源丰富,主要包括鱼、虾、蟹、贝、藻五大类别,分布于东南四大沿海;淡水渔业资源主要分布于中国几大水系——珠江水系、长江—淮河水系、黄河—海河水系、黑龙江—辽河水系,以及新疆西藏地区。

4.2.1　海洋水产资源分布概况

中国东南沿海有渤海、黄海、东海、南海四大海区,面积为483万km^2。中国海岸线长,大陆海岸线加上岛屿岸线共3.2万多km。大陆海岸线长达1.8万多km,岸形曲折,港湾众多。海域内有大小岛屿5000多个,岛屿岸线1.4万多km。其中浅海滩涂面积在水深15 m以内的为1200万hm^2,潮间带面积200万hm^2,深度在200 m以内的海面有140余万km^2。渤海是中国一个半封闭的内海,面积7.7万km^2,平均水深18 m,海底平坦,海岸线2937 km,有黄河、海河、滦河和辽河汇入此海。黄海是中国和朝鲜之间的一个半封闭的陆缘浅海,面积约38万km^2,平均水深44 m,海岸线3927 km,有大同江、鸭绿江及淮河汇入此海。东海是一个宽阔的浅海,面积约77万km^2,其中大陆架57万多km^2,平均水深370 m,海岸线长5795 km,大陆架海底平坦,有长江、钱塘江、瓯江和闽江等汇入。南海是一个较大的深海盆,面积约350万km^2,平均水深1212 m,有珠江、韩江等汇入。东南辽阔的海区具有十分优越的自然条件,极适合各种海洋生物生长,渔业水域和生物资源丰富,可供捕捞生产的渔场面积为81.8万平方海里。四大海区滩涂基质极其多样,有岩礁滩涂、珊瑚礁滩涂、砂质滩涂和泥质滩涂等,从而造成了栖息生物的多样性。中国沿海的基础生物饵料丰富,浮游植物的年均生物量各海区不同,在$(50\sim2\,500)\times10^4$个$/m^3$之间,浮游动物在$100\sim400$ mg/m^3之间。潮间带生物丰富,生物量大,以贝类和甲壳类为主,生物量为$44\sim1\,207$ g/m^3。中国海洋滩涂资源的95%分布在大陆岸线的潮间带,岛屿滩涂资源面积分布较少。中国海洋和内陆水产资源丰富,为资源生产能力的增强与提高奠定了坚实的自然基础。中国是世界上12个生物多样性特别丰富的国家之一。在中国海域有7500多种水生生物栖息,其中鱼类3032种,虾蟹类1388种,螺贝类1923种,海藻类790种,鲸、海豹和儒艮等哺乳动物39种,石珊瑚240种,红树植物40种以及其他水生生物。其中可捕捞、养殖的鱼类有1694种;经济鱼类约300种,经济价值较大的有150多种,最常见而产量较高的经济鱼类约$60\sim70$种。重要的捕捞对象有:鱼类——带鱼、鲐鱼、参鱼、鲱鱼、鲅鱼、鳓鱼、鳗鱼、大黄鱼、小黄鱼、鲆鱼、鲽鱼、鲳鱼、鲷鱼、红鱼、金枪鱼、鳕鱼、马面鱼、沙丁鱼、河豚、鲨鱼、鲥鱼等;软体动物——乌贼、鱿鱼、章鱼、鲍鱼、扇贝等;虾蟹类——对虾、毛虾、鹰爪虾、青虾、龙虾、梭子蟹、锯缘青蟹等;棘皮动物——刺参、梅花参、海胆等;腔肠动物——海蜇;藻类——海带、紫菜、裙带菜、麒麟菜、江蓠、石花菜等。此外,还有沿海藻类约2 000种,经济软体动物200多种,东海、黄海、渤海的虾蟹类共近300种。

早在20世纪60年代中国近海水产资源的某些品种就开始衰退。当时生产规模不断扩大,产量并未相应增加,反而出现了大、小黄鱼等主要经济鱼类产量下降的情况;捕捞总产量逐年有所增加,但是单位船产或单位马力产量逐年下降,且渔获物个体变小,优质鱼比例下降等,如小黄鱼产量从1957年的16.3万t下降到1990年的2.3万t;大黄鱼产量由1957年的17.8万t下降到1990年的2.5万t;带鱼产量由1974年的57.7万t下降到1990年的49.8万t,且鱼体变小。近年来,在渤海、东海和南海分别实施了增殖放流和投放人工鱼礁的措施,以增加自然海区的水产资源,取得了一定效果。东海和南海外海较有经济价值的鱼虾类,有长肢近对虾、拟须虾、刀额拟海虾、水珍鱼、胁谷软鱼等。

4.2.2 内陆水产资源分布概况

中国陆地面积辽阔,境内气候类型多样,江河纵横,湖泊众多。中国是世界上内陆淡水面积较大的国家之一,渔业水域和生物资源丰富。中国内陆水域辽阔,总面积约1 747万hm^2,约占国土面积的1/55,平均1 km^2 国土中水面占1.8 hm^2。其中湖泊752.4万hm^2,河沟528万hm^2,水库230万hm^2,池塘192万hm^2,分别约占总水面的41.8%、29.3%、12.8%和10.7%。面积100 km^2 以上的河流有5万余条,其中还包括2 000万hm^2 的低洼盐碱荒地(其中宜渔的233.33万hm^2)和600万hm^2 宜于发展稻田养鱼的稻田。中国是个多湖国家,1 km^2 以上的天然湖泊有3 000个左右,其中面积在1 000 km^2 以上的大湖12个。这些湖泊主要分布在青藏高原、东部平原、蒙新高原、东北平原和云贵高原,多数为淡水湖,少数为咸水湖。中国又是多水库国家,全国有水库 86 000 多座,至 2006 年底总库容量 5 841 多亿 m^3,总面积为 230.2 万 hm^2 左右,堤防总长度为 28.69 km,大多分布在长江、淮河、珠江等七大水系,以长江水系的水库数量最多,长江上大中型水库占全国同类型水库总数的 16.7%,小型水库占 56.5%。全国大型水库分布多在东北区,面积为 36.47 万 hm^2;西北区的大型水库面积为 15.53 万 hm^2;华北区各类型水库均有,面积为 32.67 万 hm^2,但水库植被差,库内淤积严重;长江中下游区的水库稠密,大、中、小型水库都有,面积为 47.33 万 hm^2;华南区多为山谷中小型水库,面积为 34 万 hm^2;西南区多为丘陵中小型水库,面积为 16.67 万 hm^2。低洼盐碱荒地主要分布在三北地区,其中沿黄河流域有 90 万 hm^2。这些水域相当部分水体可以进行渔业开发。另外,全国还有水稻田 2 000 万 hm^2,可以进行养鱼的水稻田 276 多万 hm^2。此外,还包括难以被种植业利用的 1 100 万 hm^2 沼泽地,300 万 hm^2 靠近水系的低洼地和盐荒地,也有一些可以进行渔业开发。这些水生生态环境为丰富多样的淡水鱼类提供了良好的生存条件。特别是水稻田,经过规范化、工程化的种稻养鱼,可使稻谷增产鱼增收,目前已成为西部地区调整产业结构的重要举措之一。

中国内陆水域水产资源共有鱼类 800 多种,在中国自然分布的淡水鱼类有 709 个种和 58 个亚种。另外,还有海淡水洄游性鱼类 64 种。就鱼类而言,以温水性鱼类居多,其中鲤科鱼类约占中国淡水鱼类的 1/2,鲇科和鳅科共占 1/4,其他各种淡水鱼类占 1/4。它们半数以上是中国特有种,多数具有经济价值,有的还有重要的科学研究价值。在众多的经济鱼类中,主要种类有 60 多种,其中具有重要经济价值的种类有 50 多种,如中华鲟、白鲟、裸腹鲟、胭脂鱼、鲤鱼、鲫鱼、青鱼、草鱼、鲢鱼、鳙鱼、团头鲂、鲮鱼、翅嘴红鲌、蒙古红鲌、圆口铜鱼、青海湖裸鲤、黄鳝、鲥鱼、鲈鱼、鲊鱼、大马哈鱼、鳊鱼、鲴鱼、鲶鱼、鳜鱼、鳢鱼、凤鲚、刀鲚、河豚、鳗鲡、滩头鱼、日本七鳃鳗、银鱼、梭鱼、鲻鱼、池沼公鱼、红点鲑、雅罗鱼、红鳍白、狗鱼、哲罗鱼、细鳞鲑、长颌白鲢、湖拟鲤、东方真鳊等。它们大多不仅成熟期短(多在 2~4 年成熟)、产卵多,而且生长快、产量高。其中的中华鲟、白鲟和胭脂鱼还是中国的珍稀鱼类,在研究鱼类演化方面有一定的学术价值。中华鲟为中国所独有,它是一种大型鱼类,在其主要产区四川有"千斤腊子(中华鲟)万斤象(白鲟)"的渔谚,其肉与卵均为席上佳肴,尤以鱼卵制成的鱼子酱最为珍贵。大马哈鱼和鲥鱼是溯河产卵鱼类,鳗鲡是降海产卵鱼类,大马哈鱼盛产于中国东北,鲥鱼主要产于长江和珠江。此外,还有虾、蟹等甲壳类,螺、蚌等贝类和鳖、鳄等爬行类水生动物,以及莲、藕、菱、芡、苇等高等水生维管束植物等均可进行种(养)殖和捕捞活动。青、草、鲢、鳙为中国的"四大家鱼"。鲤、鲫、团头鲂、鳊、沼虾、绒螯蟹、河蚌等亦为经济价值较高的品种。这些丰富多样的海、淡水水生生物种质资源为中国水产业的高速发展提供了重要的物质基础。

由于中国各地自然环境的差异,各地的鱼类区系组成也有一定的差异。按照鱼类生态环境和鱼种的差异特点,中国内陆水域的鱼类分布大体可分为:①东北鱼区。指黑龙江、鸭绿江、图们江等水系。鱼类耐寒性强,以冷水性鱼类为主,共100余种。有代表性的主要有鲑科、茴鱼科、狗鱼科、江鳕科等耐寒性很强的鱼类,包括哲罗鱼、细鳞鱼、乌苏里鲑、马哈鱼、江鳕鱼等。此外,还有一些鲤科、鳅科、刺鱼科鱼类。②华北鱼区。主要包括黄河中下游、辽河、海河等水域。本区径流量小,湖泊水面少,河流含沙量大,不利于鱼类生活,鱼种少,以温水性鱼类为主。主要有鲤鱼、鲫鱼、蝗鱼、赤眼鳟、红鲌鱼、中华细鳊、鲇鱼等。③华中鱼区。主要包括长江中下游的广大平原区及其支流和鄱阳湖、洞庭湖等。这里河网密布,湖泊众多,水温较高,饵料丰富,鱼种多达200余种,以温水静水性鱼类为主。该区鱼类鲤科种属特别多,形成中国淡水渔业中心,主要有鲌、鳊、鲴、鲢、青、草、鲈、鲥、香、银等鱼类,还有中华鲟、白鲟。④华南鱼区。包括粤、桂、滇东、黔、闽、台等省(区)。该区发育了南方的暖水性鱼系,鱼种丰富。以鲤科、鳅科、鲇科鱼类占优势,主要有鲮、鲇、鲌、鳊、鳃、青、草、鲥等鱼类。⑤西南鱼区。指雅鲁藏布江、怒江、澜沧江、金沙江等流域,包括藏南、川、滇西等省(区)。主要是鲤科、鳅科和鲇科鱼类,不少种类与缅甸、印度、泰国和越南的相同。⑥西北鱼区。主要包括青藏高原、内蒙古高原和西部内陆地区的水域,是一个与周围联系很少的淡水鱼区。包括内蒙古、新、青、藏、陕、甘、宁等省(区)。区内大部分地区地势高耸,气候寒冷干燥。鱼类以冷水底栖型的裂腹亚科和条鳅亚科为主。主要有适应于高原急流、耐旱耐咸的鳅科鱼类及青海湖的裸鲤(又名湟鱼)。该区水产种类贫乏,主要有鲤鱼、鲫鱼、麦穗鱼、铜鱼、赤眼鳟等。

4.3 中国水产资源开发的阶段特征

中国东南沿海海区辽阔,自然条件十分优越,极适合水产生物的生长。新中国成立初期海洋水产资源非常丰富。同时中国内陆的湖泊、河流和池塘很多,水域面积共约 1 600 多万 hm^2,其中可供养殖的水面为 400 万 hm^2,再有南方稻田与不断增建的水库也是养殖的发展区域,中国淡水渔业的发展条件也是得天独厚。但由于当时渔业生产力低下,全国的水产品产量只有 44.8 万 t。

从渔业发展历史看,每一项新的水产科技的推广运用,都推动了渔业生产大发展,促进渔业经济上一个新台阶。20 世纪 50 年代末,"四大家鱼"人工繁殖相继成功,结束了江河捕捞鱼苗养殖成鱼的历史。同时池塘养鱼总结出"八字精养法",养殖水域单位面积快速增加,产量、效益迅速提高;80 年代,应用网箱、流水养鱼和水库施肥养鱼新技术的推广,解决了城市吃鱼难的问题。20 世纪 90 年代,大力发展名特优水产养殖,水产稀有珍贵品种摆上了普通百姓的餐桌。这样,在改善人们膳食结构的同时,也促进了水产业的迅速发展。发展水产业成为了中国农民致富奔小康的重要门路。从新中国成立初期至今,中国水产资源的区域分布也随水产品生产的发展而不断变化。

4.3.1 新中国成立初期至改革开放前期,中国水产资源开发不足,生态蕴藏十分丰富

新中国成立初期至改革开放前期,中国渔业生产发展缓慢,水域资源开发不足,水产资源处于自然生长、水产生态蕴藏丰富的状态。20 世纪 50 年代,中国沿海的水产(包括捕捞和养殖)年产量在 200 万 t,占全国海、淡水总产量的 2/3 左右。海洋水产品主要有鱼类、虾蟹类、贝

类、藻类、海兽类等。其中鱼类资源分布最为广泛,中国海洋上层鱼类主要有鲐鱼、鲅鱼、鲔鱼等,中下层鱼类主要有带鱼、鲷鱼、鳓鱼、鲨鱼、鲳鱼等,底层鱼类主要有大小黄鱼、比目鱼、鳕鱼、狗母鱼、金钱鱼等,其中分布较广,产量较大的是大小黄鱼和带鱼。大黄鱼从长江口到广东雷州半岛沿岸各地都有生产,以浙江舟山群岛产量最多。小黄鱼从辽宁、河北沿海到福建北部沿海都有分布。带鱼在全国南北沿海都有生产,福建、浙江、山东的生产比重都较大,而以浙江嵊山渔场的生产规模最大。鱼汛期间渔场集聚的渔船有 1 万多艘,年产量达到 5 000 多万 kg。虾蟹类中主要是毛虾、对虾和梭子蟹等。其中毛虾主要分布在渤海、黄海、东海,特别是渤海一带产量的一半是毛虾;对虾是中国特产,主要分布在渤海、黄海一带。贝类中经济价值较高的有牡蛎、蚶、蛤、海扇(干贝)、贻贝(淡菜)和鲍鱼。牡蛎和鲍鱼是重要的出口水产品。当时中国沿海生产贝类的滩涂大约有 46.67 万 hm^2,养贝最为发达的地区是广东、福建和浙江。藻类水产资源主要有海带、裙带菜、紫菜、石花菜和海萝菜等。海带是由旅大水产养殖场自国外移植成功,青岛、烟台也相继进行了养殖,随后又推广到浙江、福建地区。中国沿海的海兽类主要有鲸鱼、海豚,当时辽宁的海洋岛和广东的惠阳、徐闻沿海,都有捕鲸渔业;而冬季在黄海北部的岛屿上也常常可以发展海狗捕获。此外,在中国海洋中,海蜇、墨鱼和海参等水产品也有相当的产量,墨鱼主产于浙江,海参是辽宁、山东等省的名贵产品,海蜇主要生产于江苏、浙江。

中国东南部气候温和且降水丰富,江河湖泊星罗棋布,十分适宜鱼类存活与生长,是中国淡水水产资源集中分布的地区。主要且分布较广的淡水鱼类有鲤鱼、鲫鱼、青鱼、鲩鱼、白鱼、鲢鱼、鳊鱼、鳜鱼、鳙鱼、鳢鱼等。当时实行大量人工养殖的是青鱼、鲩鱼、鲢鱼、鳙鱼,养鱼用种苗主要依靠采集江河中天然孵化的鱼苗,每年需要从长江、湘江和西江等较大河流中采集的鱼苗有一百几十亿尾。

当时中国淡水水产品年产量大约在 100 万 t 左右,占全国水产品总量的 1/3 左右。不过 20 世纪 50 年代,中国海洋渔业基本上是近海作业,一般距离海岸仅一二十千米,较远的也不过 50 余 km,水深一般也不过几十米。只有少数的大船或渔轮可以到 100 km 以外的地带捕捞,海洋水产资源的开发利用率很低。沿岸 46.67 万 hm^2 的宜渔滩涂已经养殖的面积只有 1/10 多,而且养殖水产品种只有贝类等。同时内陆 400 万 hm^2 宜渔水面仅利用了 1/4,稻田养鱼还不普遍,水库利用也不多,养殖鱼类的优良品种不多,鱼苗的成活率也不高,渔业整体处于一个较低的水平。

4.3.2 改革开放后的前 20 年,渔业快速发展,水产资源受到高强度开发

十一届三中全会后,中国的水产业获得了高速发展。20 世纪 70 年代末至 90 年代进行了鲤鱼品种间杂交、鲤鱼新品种选育,培育出丰鲤、荷元鲤等杂交种,选育出建鲤、松浦鲤、荷包红鲤、兴国红鲤、德国镜鲤、德国镜鲤选育系等。20 世纪 90 年代末选育出团头鲂浦江 1 号、"湘云鲤"、"湘云鲫"等。这些杂交种和新品种曾列入国家重点推广计划,大量应用于生产,取得了十分显著的社会效益和经济效益。同样,引进虹鳟鱼、罗非鱼、鲟鱼、海湾扇贝、太平洋牡蛎等并推广养殖后,对增加中国的水产养殖产量起到了十分重要的作用。20 世纪 80 年代以来,中国的水产养殖业高速发展,年均增长率达 13%。1998 年水产品总产量达到 3 906 万 t,其中捕捞产量 1 724 万 t,养殖产量 2 182 t,总产量已连续 9 年位居世界首位。从 1995 年起,中国水产品的人均占有量已超过了世界的平均水平,1998 年人均水产品 31 kg,超过世界人均水平 10 kg 以上。

1997 年在水产业发展历史上是有特殊意义的一年,年初国务院批准了农业部《关于进一步加快中国渔业发展的意见》(国发〔1997〕3号),明确了新时期中国渔业发展的方针、政策和工作重点。3 号文件对促进中国渔业发展的重要意义在于使各级领导普遍有了一个新认识,即渔业是大农业的重要组成部分,渔业的发展对于保障粮食安全、改善人民生活、改善膳食结构及解决农村剩余劳动力就业都具有十分重要的作用,必须加强对渔业工作的领导。因此,各地纷纷出台有利于渔业发展的政策措施,增加对渔业的投入,重视和加强渔业基础设施建

设,进一步加强抵御渔业灾害的能力;同时科技成果和优质高效养殖模式进一步推广应用,水质环境监测和各种水产病害得到有效预防和控制,良种繁育体系不断健全;宜渔非耕地资源开发得到了各地各级领导的重视,扩大水产养殖资源开发成为新的经济增长点。1997年"农业科技推广年"活动对于养殖单产水平的提高也起到了积极的推动作用。

4.3.3 水产资源过度开发与恢复阶段

2001年中国水产品总产量为4 382万t,养殖产量与捕捞产量的比例为62.22∶37.78,中国已成为世界上第一个养殖产量超过捕捞产量的国家。长江是中国第一大河,形成了世界上保存比较完整的大流域生态系统,水域面积约占全国淡水水域面积的50%。长江渔业在中国淡水渔业中具有举足轻重的地位,是中国重要的渔业产区。其在苗种资源、名特优鱼类资源、种质资源及水生野生动植物资源方面都具有明显优势。随着长江流域经济的发展,长江渔业的地位面临着来自多方面的威胁,如受到水工建筑、围湖造田、水域污染、酷渔滥捕等因素的影响,长江渔业资源及水生哺乳类资源正处于严重衰退的状态,已有枯竭之虞。长江渔业资源的兴衰直接影响到长江渔业经济的可持续发展。资料表明,历史上长江年捕捞产量最高达42.7万t,占全国淡水捕捞产量的60%;长江渔业苗种丰富,并有种质优势,生长快,抗病力强。四大家鱼、鳗鱼的苗种最高年捕捞量分别达300亿和2亿尾,为淡水养殖业特别是中国名特优水产品养殖业的发展起到了名副其实的摇篮和基地作用,创造了可观的经济效益。但是,随着长江流域经济带的发展,长江渔业的地位面临多方面的威胁。根据长江渔业资源监测网10多年的监测结果,渔业资源的衰退速度在加快,渔业捕捞产量明显下降,一些经济鱼类资源已经走向枯竭。近几年来,长江渔业年捕捞产量只有10万t左右,中华绒螯蟹1986年捕捞产量为324 t,而2001年的产量不足1986年的1/20。中华绒螯蟹蟹苗1981年最高年产量曾达72 t,20世纪90年代平均只有2 t,近几年已形不成汛期。种质优良的长江四大家鱼鱼苗产量目前只有10亿尾左右,不足最高年份产量的1/30。在捕捞的渔获物中,洄游性鱼类减少,捕捞品种趋向单一,渔获个体趋向小型化、低龄化,资源已有枯竭之虞,形势十分严峻。

为此国家在大的江河流域开始季节性休渔,以使水产资源种群能够休养生息。2003年实行长江禁渔期制度的范围包括:上海、江苏、安徽、江西、湖北、湖南、重庆、四川、贵州、云南等10个省(市)的长江江段,具体为云南省德钦县以下至长江河口(南汇嘴与启东嘴连线以内)的长江干流,汉江、岷江、嘉陵江、乌江、赤水河等一级通江支流在湖北省、四川省、重庆市、贵州省的江段,鄱阳湖区和洞庭湖区。禁渔时间是:云南省德钦县以下至葛洲坝以上水域为每年的2月1日12时至4月30日12时;葛洲坝以下至长江河口水域为每年的4月1日12时至6月30日12时。在禁渔期间,农业部开展了渔业资源增殖放流活动。禁渔期间除实行捕捞限额专项管理的凤鲚(凤尾鱼)、刀鲚(长江刀鱼)外,禁止其他所有捕捞作业;国家级水产原种场需采捕长江天然水产苗种的,有关科研单位需进行长江渔业资源调查的,须由省级渔业行政主管部门报经农业部批准。

于2005年获得国家科技进步奖二等奖的重大成果"长江中、下游湖泊群渔业资源调控及高效优质模式",采用生物操纵和生态对策原理,系统探讨了湖泊无公害渔业的可行途径及主要工艺,提出了湖泊小型鱼类、食鱼鱼类生产力动态估算方法,建立了湖泊鳜鱼规模化养殖、河蟹生态养殖和团头鲂增殖等技术,2000—2004年在长江中下游40多万hm^2湖泊进行推广,增加产值超过20.5亿元。

4.4 中国水产资源区域分布变化趋势

水产资源与其他农业生产资源最大的不同是其具有游动性,其分布区域取决于自然水域的分布,而且随着人类渔业生产、加工技术水平的提高而不断变化。中国水产资源区域分布按区域可划分为中远海洋捕捞水产资源、近海养殖水产资源、内陆水域捕捞水产资源和内陆养殖水产资源四大类。中国水产资源区域分布是由近岸水域捕捞到远洋捕捞,在捕捞范围日趋扩大的同时逐步开发养殖品种与养殖方式,提高水产养殖技术水平,增加养殖水产资源的种类与品种,加大水产养殖规模与养殖区域范围。

4.4.1 水产资源量的区域分布变化趋势

由于水产资源量难以测量，分析中我们以海洋与内陆的捕捞产量（万 t）和养殖产量（万 t）分别说明中国海洋与内陆水产资源的分布情况（图4.1）。

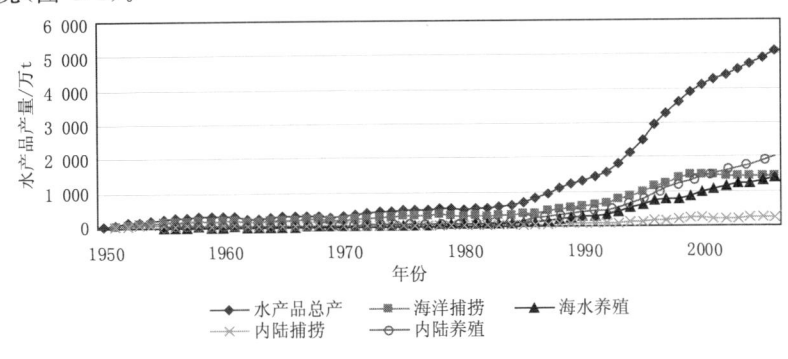

图 4.1　中国水产品产量区域性分布

从图 4.1 可以看出：首先，中国的水产品产量主要来源于海洋水产资源的开发，特别是海洋捕捞产量曾长期占据中国水产品产量的最大份额，不过所占比例逐步下降。其中在中国水产品产量中，1950 年海洋捕捞量占 60.07%，海洋水产产量和海洋捕捞量 1960 年分别占海洋捕捞量的 63.55%和 57.30%，1970 年分别占 73.89%和 64.93%，1980 年分别占 75.38%和 60.35%，1990 年分别占 62.79%和 42.84%，2000 年分别占 59.33%和 34.53%，2005 年分别占 55.63%和 28.49%。其次，中国的水产养殖从无到有，改革开放前的发展比较缓慢，但从 1980 年开始则呈现持续稳步增长的发展态势，除个别年份内陆水产养殖规模大于海水养殖规模，从 2000 起内陆水产养殖产量开始超过海洋水产捕捞量成为中国水产品的主要生产方式。其中，在中国的水产品总产量中，水产养殖量 1960 年占 20.99%；1970 年占 25.20%；1980 年占 32.45%；1990 年占 51.16%；2000 年占 60.24%，其中内陆养殖水产产量达到 1 516.94 万 t，占水产品总产量的 35.45%；2005 年占 66.51%，其中内陆养殖水产产量达到 2 008.48 万 t,占水产品总产量的 39.37%。总之,随着社会经济的发展,中国水产资源分布由以捕捞为主的天然海区、内陆水域逐步向由人工控制的集约化养殖水域过渡。

需要指出的是,图 4.1 中的产量是按照 1996 年全国水产品产量新旧标准折算系数表(表 4.1)中新的标准折算后的产量,即 1996 年及以

表 4.1 1996 年全国水产品产量新旧标准折算系数表

分类	折算系数	分类	折算系数	分类	折算系数
总产量	1.17	4. 蛤	2.26	**按内外海分**	
1. 海水产品	1.29	5. 蚶	1.35	1. 内海	1.18
捕捞	1.11	6. 牡蛎	6.11	2. 外海	1.00
养殖	1.75	7. 其他	2.45	**按捕捞渔具分**	
2. 内陆产品	1.02	**按水面类型分**		1. 拖网	1.15
国有总产量	1.05	1. 浅海养殖	1.44	2. 围网	1.00
1. 海水产品	1.08	2. 港湾养殖	1.06	3. 小型流刺网	1.03
捕捞	1.03	3. 滩涂养殖	2.26	4. 定置网	1.02
养殖	1.28	4. 海洋捕捞	1.11	5. 钓业	1.00
2. 内陆产品	1.01	**按海区分**		**按栖息水层分**	
捕捞	1.01	1. 渤海	1.18	1. 中上层鱼类	1.12
海水产品中		2. 黄海	1.39	2. 底层鱼类	1.11
海水贝类	2.13	3. 东海	1.00	**按海捕贝类分**	
1. 鲐贝	1.00	4. 南海	1.11	墨鱼	1.00
2. 扇贝	1.00	5. 其他海域	1.00	其他	2.85
3. 蛏	1.01	6. 其他	1.31		

说明:1. 当采用折算系数对 1996 年以前的数据进行折算时,总产量应等于该年海洋捕捞、海水养殖、内陆捕捞、内陆养殖分别乘以相应系数后相加之和,具体数值可参考相关的"水产品产量新旧标准对照表";2. 关于 1996 年以前的产量数与 1996 年之后的产量数进行比较的方法,举例如下:1998 年全国海洋捕捞产量 860.04 万 t,1978 年的全国海洋捕捞产量 314.52 万 t,计算 1998 年比 1978 年增长多少倍?
(1)1978 年海洋捕捞产量折成新标准:$314.52 \times 1.11 = 349.12$(万 t);
(2)1998 年海洋捕捞产量比 1978 年海洋捕捞产量增长:$860.04/349.12 - 1 = 2.7 - 1 = 1.7$(倍)。

前的水产品产量为旧标准统计数按新标准进行折算后所得,1997年及以后的水产品量为新统计标准的实际统计数。

4.4.2 海洋水产资源品种区域分布

2005年中国海洋水产品产量占水产总产量的55.63%,其中以鱼类占绝对优势。中国海洋鱼类约有1 700余种,其中经济鱼类约300种,常见的高产量经济鱼类约60~70种。此外沿海还有藻类约2 000种,虾蟹类近300种,经济软体动物约200种。其中黄海、渤海海区,共有鱼类250余种,捕捞产量占中国海洋捕捞总产量的27.9%,盛产小黄鱼、鳕鱼、太平洋鲱等;东海海区共有鱼类440余种,捕捞产量占中国海洋捕捞总产量的51.8%,是中国带鱼、大黄鱼、小黄鱼、乌贼四大经济种类的最大产区,素有"天然鱼仓"之称;南海海区有鱼类近千种,具有品种多、产量少的特点,捕捞产量仅占中国海洋捕捞总产量的20.3%,盛产金枪鱼、鲣鱼、旗鱼、鲨鱼、海龟、玳瑁等。

由于多年的过度捕捞,中国近海的水产资源呈连年下降的趋势,产量减少,鱼体变小。目前中国养殖的鱼、虾、贝、藻类共计60余种,主要品种有海带、牡蛎、珍珠贝、鲍鱼、紫菜、对虾、海参、扇贝、鲻鱼等。1990年中国海水养殖产量达284.22万t,跃居世界首位。

4.4.3 内陆水产资源品种区域分布

中国是世界上内陆水产业较发达国家之一,内陆水域共有鱼类800余种,主要经济鱼类约有四五十种,其产量占世界内陆水域总产量的1/10,其中虾、蟹、贝类的产量仅占淡水渔业总产量的3.2%左右。青鱼、草鱼、鲢鱼、鳙鱼是中国的四大淡水鱼,鲤、鲫、团头鲂、鳊、沼虾、绒螯蟹、河蚌等亦是经济价值较高的品种。其中鲤科鱼类约占中国淡水鱼类的1/2,鲇科和鳅科共占1/4,其他各种淡水鱼类占1/4。中国内陆水产资源品种的区域分布依鱼类特点可分为,北方地区(黑龙江、鸭绿江、图们江等水系),盛产鲑科、茴鱼科、狗鱼科、江鳕等耐寒性强的鱼类;西北高原地区西藏北部、内蒙古、青海、甘肃、陕西、山西等省(区)江河水系,盛产适应于高原急流、耐旱耐咸的鳅科鱼类,还有青海湖出产的裸鲤(又名湟鱼);江河平原地区的长江、黄河、辽河及各河干支流与湖泊,盛产鲤科鱼类,是中国的淡水渔业中心;华南地区的广东、广西、云南东部、贵州、福建、台湾等省(区),多产鲤科、鳅科、鲇科鱼类,优势明显;西南地区的雅鲁藏布江、怒江、澜沧江、金沙江流域,则盛产鲤科、鳅科和鲇科鱼类等,不少种类与缅甸、印度、泰国和越南的相同。此外,大马哈鱼和鲥鱼是溯河产卵鱼类,大马哈鱼盛产于中国东北,鲥鱼主要产于长江和珠江。

第 5 章　中国水产资源综合生产能力现状

改革开放以来,特别是"十五"期间,中国努力推进渔业经济体制和增长方式的转变,以养护和合理利用水产资源、加快发展水产养殖和远洋水产捕捞业为重点,以提高水产品质量和水产业效益为中心,以水产业科技进步为动力,积极调整水产品产业结构,努力增加渔民收入,全国的水产业得到快速稳步的发展。

5.1　中国水产资源综合生产能力地区分布

中国是水产资源大国,近 20 多年来,水产业发展迅猛,水产品总量大幅增长,水产资源综合生产能力(表 5.1)明显增强。据统计,中国水产品总产量占全球总产量的 35%,不仅满足了国内市场的需求,而且还出口到国际市场。

表 5.1　2005 年全国不同类别水产资源生产能力现状

指　标	产量/万 t	面积/(10^3 hm^2,万 m^3)	单产/(t/hm^2)
总计	3 393.25	754.50	4.49
1. 海水养殖	1 384.78	169.45	8.17
按水域分:海上	716.27	72.08	9.94
滩涂	542.60	67.52	8.04
陆基	125.91	29.85	4.22

续表

指标	产量/万 t	面积/(10^3 hm², 万 m³)	单产/(t/hm²)
其中:集约化养殖方式			
深层网箱	2.07	514.94	4.02 kg/m³
普通网箱	26.66	1 767.86	15.08 kg/m²
工厂化	7.81	1 377.69	4.27 kg/m³
2. 内陆养殖	2 008.47	585.05	3.43
按水域分:池塘养殖	1 409.97	249.54	5.65
湖泊养殖	123.42	96.41	1.28
水库养殖	222.93	180.80	1.23
河沟养殖	81.65	38.15	2.14
以上四项合计	1 837.97	564.90	3.25
其他养殖	68.38	20.15	3.39
稻田养成鱼	102.12	159.51	0.64
其中:集约化养殖方式			
围栏	47.31	287 735.80	0.16 kg/m²
网箱	70.43	7 805.15	9.02 kg/m²
工厂化	12.49	1 557.28	8.02 kg/m²

特别是近些年来,中国渔业经济增长较快,2005年水产品年总产量已达表5.1中是3 393.25万t,水产品年产量在百万吨以上的有12个省(区),按产量从高到低排列为:山东、广东、福建、浙江、辽宁、江苏、湖北、广西、安徽、湖南、江西、海南(图5.1)。

2005年水产品年产量在百万吨以上的12个省(区)产量合计达到4 602.83万t,其中海水产品产量为2 736.67万t、内陆产品产量为1 866.13万t,分别占到当年全国水产品、海洋水产、内陆水产总量的90.22%、96.43%和82.44%。从其区域分布来看,水产品年产量在百万吨的水产大省中8个位于沿海、4个地处长江流域,这些区域拥有天然海区与江河湖泊水域的优势,又是中国经济或农业较为发达的地区,而且具有交通运输与市场外贸等多方面的便利条件,当前中国水产资

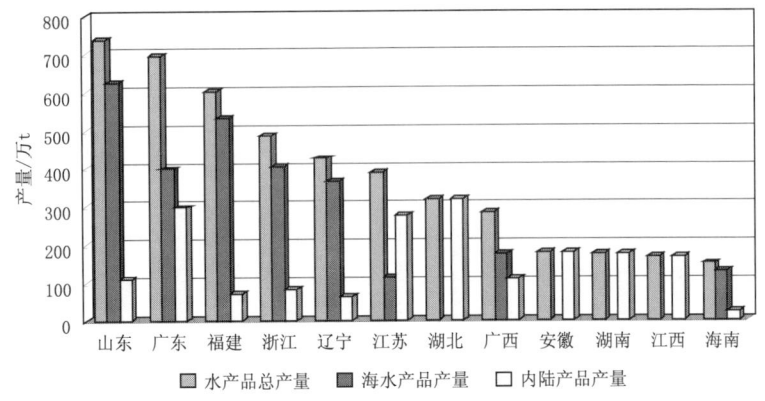

图 5.1 2005 年水产品产量位居前 12 名的省（区）

源生产能力集中分布于沿海地区与长江流域湖泊密集区。

水域是水产业发展的基本条件，是水生动植物生活、繁衍的场所。中国有广阔的海洋和陆地水域，发展水产业的水域条件相当优越，水产资源十分丰富。"十五"期间，在"以养为主"方针的指导下，中国水产养殖业已成为渔业发展的主要领域和渔民增收的重要来源。水产养殖业的发展不仅改变了中国渔业的面貌，也影响了世界渔业的发展格局。随着养殖业的快速发展，养殖业和捕捞业在渔业中所占的比例发生了重大变化。

2004 年中国水产养殖总产量达到 3 209 万 t，占世界水产养殖产量的 70％以上，占全国水产品总产量的 65％。2005 年水产养殖产量达 3 393.25 万 t，养殖产量占水产品总产量的比重由 1980 年的 32％和"九五"末期的 60％提高到 67％。"十五"期间，中国水产品产量提高了 821 万 t，增长全部来自水产养殖。2005 年中国水产养殖面积在 20 万 hm^2 以上的省（区）有 15 个（见图 5.2），按养殖面积从大到小顺序为：江苏、山东、湖北、辽宁、广东、安徽、湖南、黑龙江、江西、浙江、广西、福建、河南、吉林、四川等。与水产品总量不同的是，黑龙江、吉林、河南等省份的水产养殖面积超过部分沿海或长江流域省份。

从 2005 年渔业经济总产值在百亿元的省份分布（见图 5.3）来看，排在前 6 位的都是沿海省份，依次为山东、广东、浙江、福建、江苏和辽

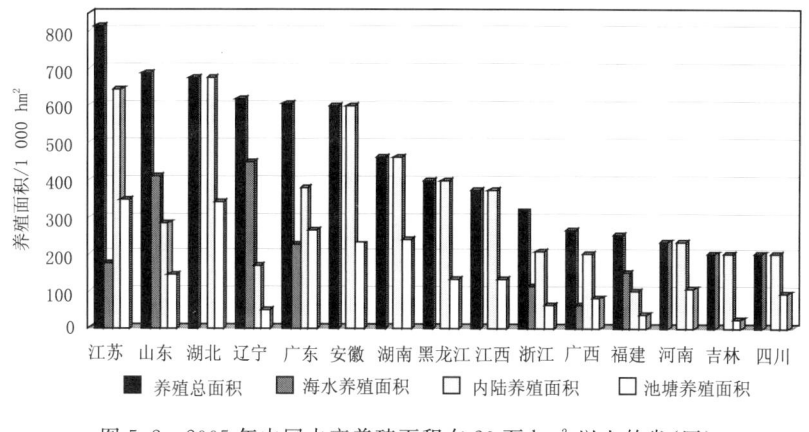

图 5.2 2005 年中国水产养殖面积在 20 万 hm² 以上的省(区)

宁；其次为长江流域省份，主要包括江西、湖北、安徽等。再从水产品加工能力区域分布来看，由于淡水产品消费鲜活性的需求特点，可用于加工的较少，因此海水产品的加工主要分布于沿海地区。2005 年水产品加工量较多的省份包括山东、浙江、福建、广东、辽宁、江苏和海南。

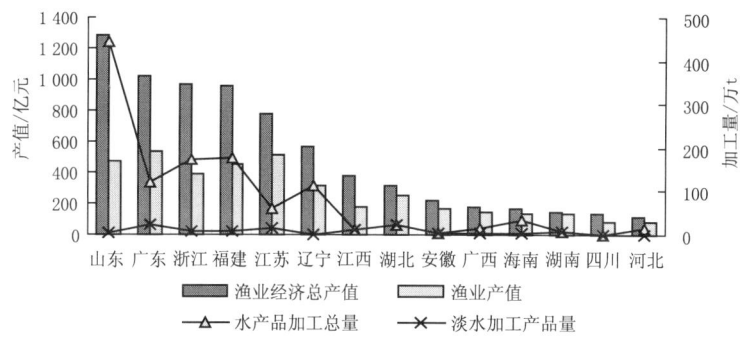

图 5.3 2005 年渔业经济产值在百亿元以上的省(区)

从渔业人口和传统渔民数量(见图 5.4)来看，广东渔业人口最多，达到了 280 万左右，山东、福建、四川、湖北和江苏的渔业人口也在 150 万以上，湖南、浙江、江西、广西的人口在 100 万以上。其中广东与福建两省仅传统渔民数量就达到了 100 万人，江苏、湖北、山东和浙江的传统渔民数量也在50万人以上。再从渔业专业劳动力(拥有专业技术的劳动力)来看,全国有16个省(市、区)渔业专业劳动力在10万人以上。其中广东、江苏、湖北、山东、福建、浙江6个省的渔业专业劳动力人数在50万以上,湖南、辽宁、四川、广西、安徽、江西、重庆7省(市、区)渔业专业劳动力人数在20万~40万人之间。

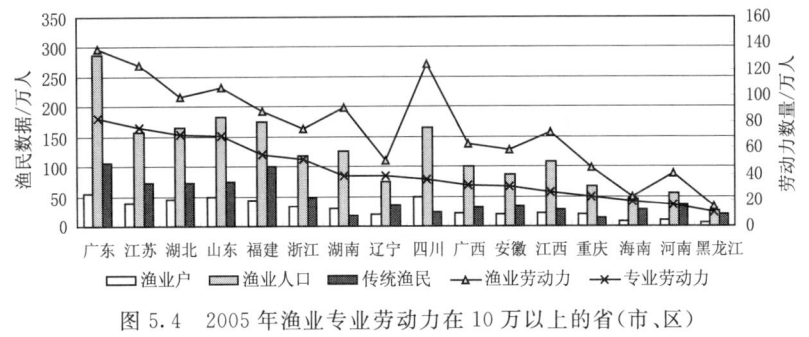

图5.4 2005年渔业专业劳动力在10万以上的省(市、区)

5.2 中国海洋水产资源综合生产能力地区分布

中国东部广阔的海洋水域包括渤海、黄海、东海和南海四个边缘海以及太平洋西部海域。总面积达470多万km^2,其中200 m等深线以内的大陆架渔场面积约有150万km^2(合22亿亩),数量多于全国耕地面积,占世界优良渔场面积的1/4,是世界上最富饶的浅海渔场之一,是中国发展海洋水产业最重要的渔场。从2005年中国沿海水产品捕捞量(见图5.5)来看,东海海域水产品捕捞量最大,为487.08万t,占全国海洋总捕捞量的33.52%;南海与黄海海域捕捞量分别为376.73万和320.44万t,分别占全国海洋总捕捞量的25.92%和22.05%;渤海及其他海域捕捞量分别占全国海洋总捕捞量的8%和10.03%。

随着国际海洋制度的建立和国际海洋公约的实施,以及中日、中韩渔业协定的生效,中国传统的作业渔场大大减小。国内捕捞渔船增长趋势还没有得到有效控制,海洋渔业资源保护的难度很大。目前远洋渔业虽有较快发展,但单一捕捞的状况尚没有根本性的改观,以开发公

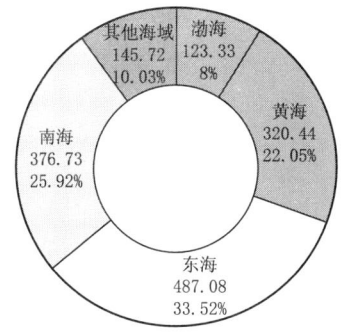

图 5.5　2005 年中国不同海域海洋捕捞量情况

图中上排数字为各海域捕捞量,单位:万 t;下排数字为各海域捕捞量占中国海洋总捕捞量的百分比

海渔业资源为主的大洋性渔业所占比重还很小。从海水养殖(见图 5.6)来看,中国主要以海上水域养殖为主,其产量占到海水养殖的 52%,其次滩涂养殖的产量占 39%,陆基养殖仅占 9%。

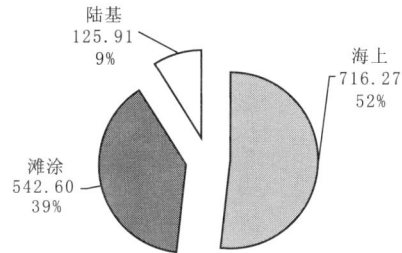

图 5.6　中国海水养殖不同养殖地域产量情况

图中上排数字为中国海域不同养殖地域的养殖产量,单位:万 t;下排数字为其占总养殖量的百分比

从 2005 年海洋水产资源生产能力区域分布情况(见图 5.7)来看,中国海洋水产开发能力最强的是山东省,其海水产品产量达到 626.11 多万 t,位居全国第一,其中海水养殖产量 358.03 万 t,居全国第一,海洋捕捞产量 268.08 万 t,居全国第二;福建海洋水产开发能力位居全国第二,其海水养殖产量为 309.74 万 t,居全国第二,海洋捕捞产量

222.14万t,居全国第三;浙江以402.37万t的海水产品产量位居全国海洋水产资源开发能力第三强,其以314.26万t的海洋捕捞产量位居全国海洋捕捞第一大省,但其海水养殖产量为88.11万t仅列全国第六位;广东以397.96万t的海水产品产量位居全国海洋水产资源开发能力第四强,其海水养殖产量为225.91万t、海洋捕捞产量为172.05万t,分别居全国第三和第四位;辽宁364.17万t的海水产品产量居全国第五位,其海水养殖产量为212.133万t、海洋捕捞产量为152.04万t,分别居全国第四和第五位。此外海洋水产开发能力超过百万吨的还有广西、海南、江苏三省(区),河北、中农发集团、上海和天津也有一定的海洋资源开发能力。

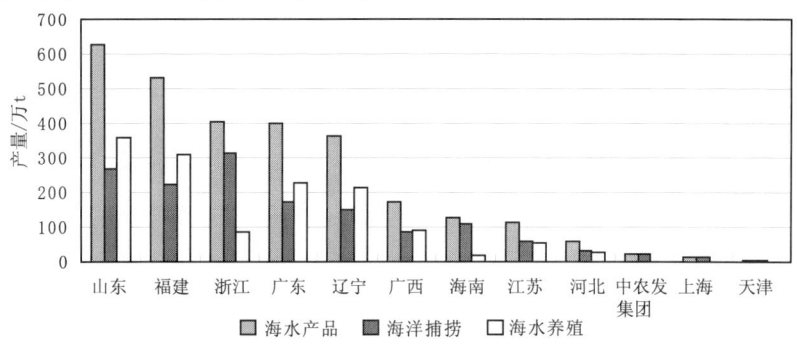

图5.7 2005年中国沿海各省(市、区)海洋水产开发情况

2005年中国海洋水产资源开发能力表现为海水产品产量为2 838.12万t,其海洋捕捞能力为1 453.31万t,但远洋捕捞能力却只有143.81万t,其中92.18万t运回国内加工销售,占64.10%,直接境外出售量为51.63万t,仅占35.90%(见图5.8)。远洋捕捞量只占海洋捕捞量的9.90%,占海水产品产量的5.07%,占全国水产品总量的2.82%。这说明中国水产资源开发半径短,开发能力低,95%左右的海洋水产品是靠开发近海水产资源获得的,加剧了近海水产资源的过度利用,影响了水产资源的可持续发展。

从中国远洋水产资源开发能力的地区分布(见图5.9)来看,2005年远洋渔船在400艘以上的为中农发集团和浙江省,300～400艘之间

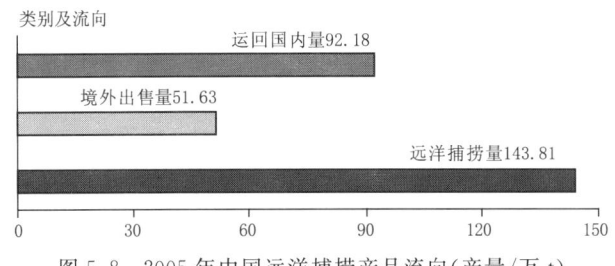

图 5.8 2005 年中国远洋捕捞产品流向(产量/万 t)

的为辽宁和山东两省,200～300 艘之间的为福建省,100～200 艘之间的为广东省。但就远洋捕捞产量而言,山东、辽宁、中农发集团和浙江分别以 25.8 万,25.55 万,24.31 万和 23.11 万 t 位列全国远洋捕捞产量的前四位,福建、广东和上海则分别以 17.35 万,12.62 万和 11.51 万 t 位列全国远洋捕捞产量的第 5～7 位,江苏、天津、河北仅有少许产量。再从远洋产品流向来看,山东、辽宁、中农发集团、福建等约 3/5 的产品运回国内,约 2/5 产品在境外出售;浙江远洋捕捞量的大部分是运回国内,上海大部分的捕捞产量则直接在境外出售。

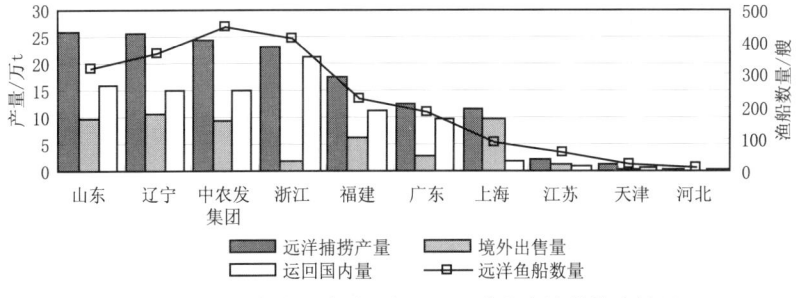

图 5.9 2005 年中国各省(市、区)远洋水产捕捞能力情况

5.3 中国内陆水产资源综合生产能力地区分布

中国是世界上内陆淡水总面积最大的国家之一,淡水水域宽广,内陆江河纵横,湖泊、水库、池塘更是星罗棋布。2008 年全国内陆水域总面积约 1 747 万 hm^2,发展水产养殖业就是对国土资源的合理利用。

全国流域面积在 100 km² 以上的河流就有 5 万多条;有 7 524 km² 的湖泊面积,其中面积在 1 km² 以上的有 2 800 余处;水库 86 000 多座,至 2006 年底总库容量达 5 841 多亿 m³,总水域面积为 230.2 万 hm²;池塘水面近 192.2 万 hm²;还有数亿亩的稻田可用来养鱼,这些数据显示了中国发展淡水养殖的天然优势和巨大潜力。

5.3.1 内陆水产品生产能力地区分布

中国内陆水产资源生产能力主要体现在内陆水产品的产出能力上,包括内陆捕捞量与内陆养殖生产量两方面。中国内陆水域总面积为 1 747 万 hm²,可养水面 675 万 hm²,2005 年已利用 585 万 hm²,利用率为 86.67%。由于城市建设开发占地和水域污染事故多发等原因,造成内陆水产养殖规模的发展空间有限。

从内陆水产资源生产能力地区分布(见图 5.10)来看,因水域条件等地理天然因素影响,中国南方地区水产资源优势明显,生产能力突出。目前内陆生产资源年生产能力在 50 万 t 以上的有 13 个省(区),除山东、辽宁与河南外的 10 个省(区)位于南方地区。若按水系流域区分,长江流域的湖北、江苏、安徽、湖南、江西、四川 6 省的淡水产品总产

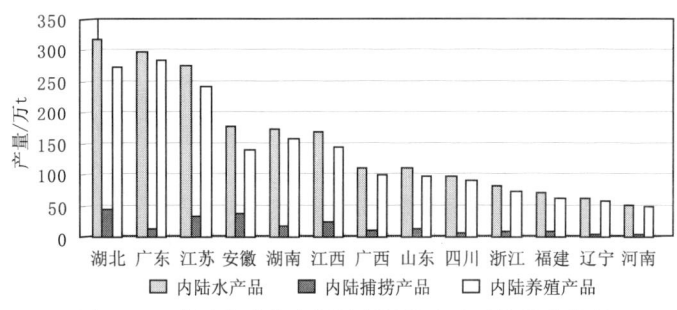

图 5.10 中国内陆水产资源利用较多地区的分布情况

量分别列全国淡水资源生产能力的第一、三、四、五、六、九位,合计淡水产品产量为 1 210.95 万 t,占全国内陆水产资源生产能力的 53.50%;珠江流域的广东、广西 2 省(区)分别位居第二和第七位,合计淡水产品产量为 407.52 万 t,占全国内陆水产资源生产能力的 18.00%;黄河流

域的山东、河南2省分别位列第八和第十三位,合计淡水产品产量为161.71万t,占全国内陆水产资源生产能力的7.14%;闽江流域的福建排在第十一位,产量为70.34万t,占全国的3.11%;辽河流域的辽宁排在第十二位,产量为61.18万t,占全国的2.70%。

5.3.2 内陆水产养殖生产能力地区分布

中国内陆水产品的养殖产量主要来自六方面,即:池塘养殖、湖泊养殖、水库养殖、河沟养殖、稻田养成鱼和其他养殖。2005年淡水池塘养殖产量为1 409.97万t,占淡水养殖产量2 008.47万t的70.20%,池塘养殖面积占淡水养殖面积的42.74%。淡水大水面养殖方式包括湖泊、水库、河沟养殖,2005年淡水大水面养殖面积总计315.36万hm^2、总产量428.00万t,分别占淡水养殖面积和产量的53.90%和21.31%。除早期采取粗放式的养殖——传统淡水养殖方式外,淡水养殖还包括"网箱、围栏、工厂化"等集约化养殖方式,2005年全国内陆集约化养殖产量为130.23万t,占内陆养殖总产量的6.48%。

2005年中国内陆养殖水产品产量为2 008.47万t,年产量在50万t的省(区)有12个,分布见图5.11。沿海地区的广东、江苏、广西、

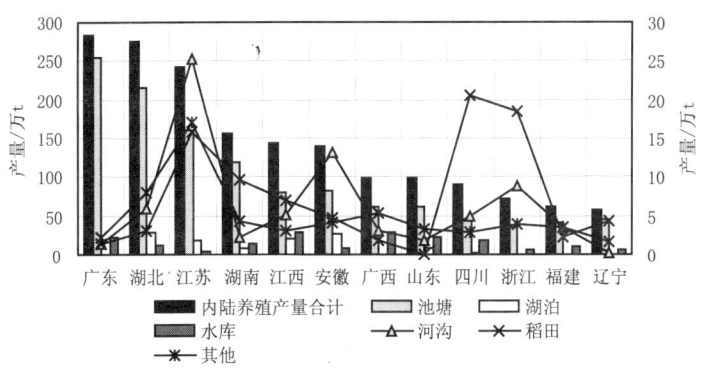

图5.11 2005年中国内陆水产品养殖产量区域分布情况

山东、浙江、福建、辽宁7省(区)分别排在第一、三、七、八、十、十一、十二位,长江流域的湖北、湖南、江西、安徽、四川5省分列第二、四、五、

六、九位。从南北地域分析,大部分省份居于降水丰富的江南水乡,北方仅有山东、辽宁的内陆水产品养殖产量在 50 万 t 以上。从养殖方式区域分布来看,内陆养殖大省主要是以池塘养殖为主。另外,湖泊养殖产量在 7 万 t 以上的省份有湖北、安徽、江西、江苏、山东、湖南 6 省,水库养殖产量在 10 万 t 以上的省份有江西、广西、广东、山东、四川、湖南、湖北、福建 8 省(区),河沟养殖产量在 5 万 t 以上的省份包括江苏、安徽、浙江、湖北、江西 5 省;稻田养殖产量在 5 万 t 以上的有四川、浙江、江苏、湖南、江西 5 省,其他养殖产量在 5 万 t 以上的省(区)包括江苏、湖北和广西。

内陆水产养殖面积在 20 万 hm² 以上的省(区)有 13 个,其面积区域分布情况如图 5.12 所示。由图所知,内陆养殖面积区域分布与产量区域分布略有不同。内陆水产养殖面积集中分布于中部农业大省,也是粮食主产区,包括湖北、安徽、湖南、黑龙江、江西、河南、吉林、四川 8

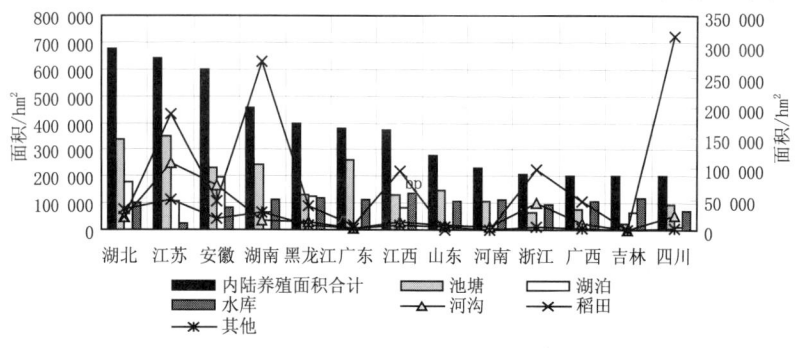

图 5.12　2005 年内陆水产养殖面积区域分布情况

省,分列第一、三、四、五、七、九、十二、十三位,沿海地区的江苏、广东、山东、浙江、广西 5 省(区)分列第二、六、八、十、十一位。其中池塘养殖面积在 10 万 hm² 以上的包括湖北、江苏、安徽、湖南、黑龙江、广东、江西、山东、河南 9 省;湖泊养殖面积在 10 万 hm² 以上的省份包括湖北、江苏、安徽、黑龙江 4 省;水库养殖面积在 10 万 hm² 以上的省份有 9 个(13 省中除去江苏、安徽、浙江、四川);河沟养殖面积较大的两省分别是江苏 10.93 万 hm²、安徽 7.20 万 hm²;稻田养殖面积在 10 万 hm²

以上的省份有四川、湖南、江苏、贵州,5 万~10 万 hm² 的省(市、区)有江西、浙江、辽宁、云南、重庆等,主要分布在西南、长江中下游地区,以及北方的辽宁。

5.4 中国海洋不同种类水产资源综合生产能力现状

中国水产养殖产品以滤食、杂食性种类为主,依次为滤食性种类占50.0%、杂食性种类占 26.0%、草食性种类占 12.0%、肉食性种类占7.0%、水生植物占 5.0%。近年来,随着经济的发展和人民生活水平的提高,肉味鲜美、经济价值较高的肉食性种类市场活跃,开发前景看好。中国不同种类水产资源生产能力现状介绍如下。

由图 5.13 可以看到,中国海水产品产量结构中贝类、鱼类、甲壳类的产量居前三位,分别占海水产品产量的 41%,37%和 11%,藻类、头足类、其他类三项产品产量合计仅占 11%。中国海洋水产一部分来自海洋捕捞,一部分来源于海水养殖。2005 年海洋捕捞产量为 1 453.30万 t,海水养殖产量为 1 374.78 万 t,海洋捕捞水产品种以鱼类为主,海水养殖水产品种则以贝类为主(见图 5.14)。

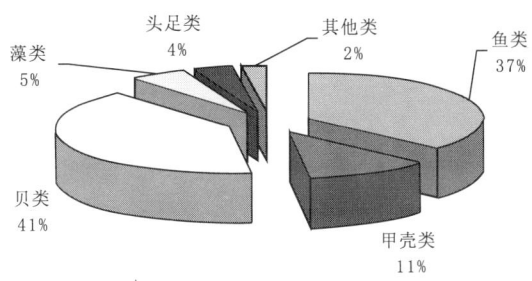

图 5.13 2005 年中国海水产品产量品种结构

由图 5.14 可见,2005 年中国海洋捕捞水产品中鱼类产量为972.93 万 t,甲壳类为 241.21 万 t,头足类为 102.96 万 t,贝类为 88.52万 t,分别占海洋捕捞产量的 66.95%、16.60%、7.08%和 6.09%;藻类与其他类产量合计不足 5%。

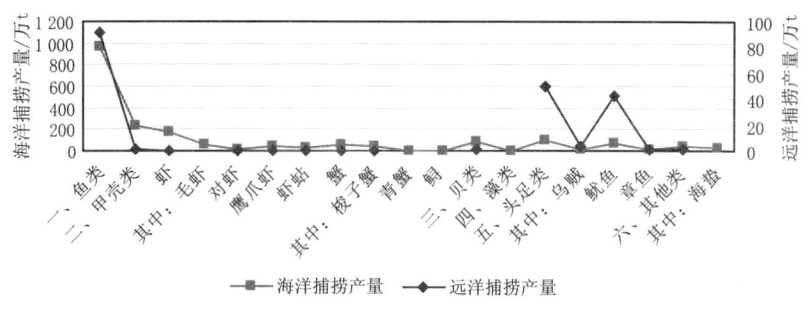

图 5.14　2005 年中国海洋捕捞水产产量

就具体海洋捕捞水产资源品种而言,鱼类主要包括带鱼、大黄鱼、小黄鱼等,甲壳类主要包括虾(毛虾、对虾、鹰爪虾、虾蛄)、蟹(梭子蟹、青蟹),贝类、藻类、头足类主要包括乌贼、鱿鱼、章鱼,其他类主要包括海蜇。在中国的海洋捕捞产量中,远洋捕捞产量仅有 143.81 万 t,不足海洋捕捞产量的 10%。远洋捕捞产品同样以鱼类为主,其中产量为 90.96 万 t,头足类产量 50.34 万 t,分别占远洋捕捞产量的 63.25% 和 35.00%;另外有少量的甲壳类和贝类产品,没有藻类。

由图 5.14 和 5.15 可以看到,中国海水养殖水产品与捕捞水产品均以鱼类为主要品种,但有很大不同,海水养殖面积为 169.45 万 hm^2。

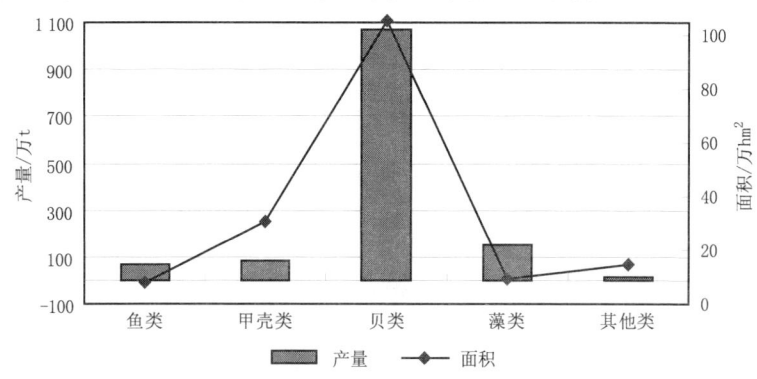

图 5.15　2005 年中国海水养殖产品生产情况

其中贝类养殖面积与产量分别以 105.96 万 hm^2 和 1 067.54 万 t 居绝对主体地位,分别占海水养殖生产的 62.53% 和 77.09%;其次甲壳类养殖面积以31.08万hm²居第二位,占海水养殖面积的18.34%;其他类产品养殖面积为14.78万hm²,仅占海水养殖面积的8.72%。从产量看,贝类以1 067.54万t位居第一;藻类产量以151.13万t居其次,占海洋养殖水产品产量的10.90%;甲壳类产量82.85万t,占海洋养殖水产产量的5.98%;养殖类产量65.89万t,占海洋养殖水产品产量的4.76%。

在中国海水养殖经营品种中,带鱼是第一大类产品,由于进口带鱼的竞争,国产带鱼生产发展规模受到影响;美国红鱼、东海马鲛、鲳鱼、石斑鱼、大黄鱼等由于品种及价格优势,在韩国市场前景看好,这些鱼十分适合中国浅海养殖;墨鱼、鱿鱼、鳗鱼、龙虾、鲍鱼在国内有着较好的市场,并且远销至日本及东南亚一带;大菱鲆目前市场稳定,关键问题是该产品养殖的门槛高(技术要求高、资金投入大);受虾反倾销影响,一些虾农转产养殖海参,取得了较好的效益。

5.5 中国淡水不同种类水产资源综合生产能力现状

中国淡水水产品同样也包括捕捞与养殖两部分,但捕捞产量较少,以养殖产量为主。2005年中国淡水产品产量为2 263.57万t,其中捕捞产量255.11万t,养殖产量2 008.47万t,分别占总产量的11.27%和88.73%。内陆捕捞产品产量构成见图5.16,其中鱼类产量为183.04万t,占内陆捕捞产量的71%;甲壳类、贝类产量分别为34.57

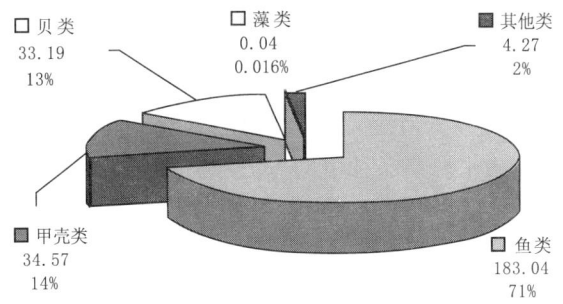

图5.16 2005年中国内陆捕捞产品产量构成
图中每项上排数字为产量,单位:万t;下排数字为占总产量的百分比

万和 33.19 万 t,分别占 14% 和 13%;其他类产量 4.27 万 t,占到 2%;藻类产量很少,不足 1% 的比重。

由图 5.17 可以看到,中国内陆养殖的水产品品种与海水养殖不同,前者以鱼类为主,鱼类养殖产量为 1 862.35 万 t,占内陆养殖水产品产量的 90.93%;甲壳类产量 129.18 万 t,占内陆养殖水产品产量的 6.43%,其余养殖产量比重不足 5%。淡水养殖生产中,养殖品种与海水养殖有很大不同,淡水养殖多以鲜活产品上市,因此它的生产受国内水产市场的影响较大。

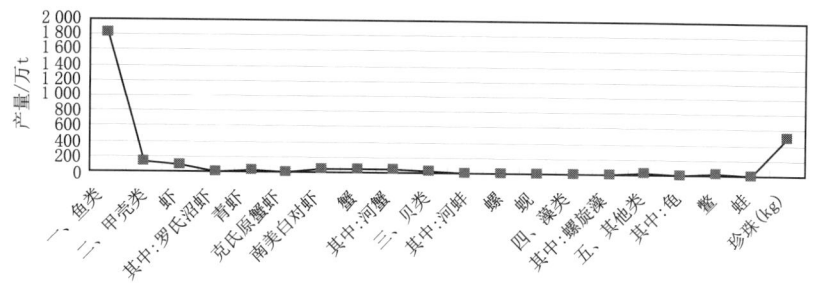

图 5.17　2005 年中国内陆不同养殖品种产量

因传统品种淡水产品价格变化不大,其生产基本稳定,但鲫鱼、罗非鱼等因季节性价差较大,生产有一定的波动。在常规淡水水产品中,草鱼、鲫鱼、鳙鱼已日渐受到消费者的青睐,草鱼和鲫鱼等草食性鱼类在淡水鱼中脂肪含量最低,草鱼肉质细嫩,清爽可口,且富含维生素;鲫鱼味道鲜美,滋补性强,特别适宜妇女、儿童及老人食用;鳙鱼以鱼头中的丰富营养为消费者所津津乐道。这些常规淡水产品迎合了消费者追求健康、营养的消费价值观,故它们的养殖生产可以保持相对稳定。虾、蟹是名特优淡水产品品种中的主流产品,但其价格不很理想,使得生产受到限制;鳜鱼、鲈鱼、鮰鱼、黄鳝、虹鳟、鲟鱼、鳗鱼、泥鳅、鲶鱼、鳊鱼、银鱼、罗非鱼、黄颡鱼等名特优水产品仍然是家庭、餐饮及节日消费的主体,同样有一定的营养价值。如鳜鱼凭着优良的肉质,为消费者所青睐;斑点叉尾鮰具有生长快、适应性强、出肉率高、肉味鲜美、营养丰富等多种优点,是出口美洲市场的重要品种;罗非鱼味道鲜美,价格低廉,尤其是鱼片产品食用方便,深受大众喜爱,条冻鱼、冻鱼片、鲜鱼片等各种形式的产品均受欢迎,价格比较稳定,也是水产品出口的重要品种;黄颡鱼个体较小,肉质细嫩,口感纯香,成为出口日本、韩国的重要水产品之一。此外,近年观赏鱼养殖也发展较快。

淡水养殖的第二大类产品甲壳类包括虾和蟹,但品种与海水养殖不同。内陆养殖虾主要是罗氏沼虾、青虾、克氏原螯虾、南美白对虾,内陆养殖蟹的主要品种是河蟹。贝类养殖的主要品种为河蚌、螺、蚬。藻类养殖的主要品种是螺旋藻。其他类养殖还包括龟、鳖、蛙和珍珠等。

第6章 中国水产品产地的环境质量安全

中国水产品产地主要分布于东南沿海海域及内陆的江河、湖泊、水库、冷水山泉或温泉等水域。东南部沿海海域面积辽阔，自北向南有渤海、黄海、东海和南海四大领海，内陆江河有长江、黄河、珠江、淮河，以及鄱阳湖、洞庭湖、巢湖、洪泽湖等河湖水域。水产品产地环境是指影响水产品生存、生长、发育和水产品质量的各种天然因素和经过人工改造的水体等自然因素的总体，包括水产品生产用水体及其周边土壤、大气、生物和微生物等。水产品产地环境质量是指水产品产区水域环境组成要素及环境整体相对于水体环境的主体——养殖的鱼、虾、蟹等水中生物的生长条件与要求满足的优劣程度。中国农业发展进入新阶段，特别是"无公害食品行动计划"实施以来，农产品质量安全工作得到全面加强，农产品质量安全水平有了明显提高。同时，近年来水产品产地环境质量安全也日渐引起了人们关注。

6.1 中国水产品产地环境质量概况

水产养殖过程是一个生态系统循环过程，除了具有复杂的物质构成、存在形态和迁移变化外，还存在着复杂的生命活动。水产养殖生物作为存在于水体中的生命有机体，其存在和延续均直接或间接地依赖于产地水体环境中的物质循环和能量流动，同时水产养殖过程又在不断地改变着产地周围水体中物质的状态。因此整个水产养殖过程就是在养殖生物和养殖产地生态环境间不断依存和矛盾的运动中完成的。

评价水产品产地环境质量的优劣,一看是否有利于水生物正常的生长和种群繁衍,二看是否有利于保持本地区生物种群的多样性及水产品生产的持续发展。中国近海、河口、浅滩和内湾水域因为受到不同程度破坏与污染,从而影响了水产品产地环境质量,造成养殖水域环境质量下降,病害蔓延。

6.1.1 中国淡水产品产地环境质量不高

中国淡水养殖,主要包括小水面池塘养殖和大水面湖泊、水库养殖等。中国淡水养殖面积与水产品总产量均居世界淡水养殖的第一位,但水产品养殖水域环境质量因水污染造成的水体水质恶化而受到影响。2004年全国七大水系省界断面水质总体类别中,优良的Ⅰ、Ⅱ类水质分别仅占4.6%和20.9%,Ⅳ、Ⅴ类水质分别占到21.6%和8.7%,劣Ⅴ类水质比重高达27.9%。就各河流水系水质情况比较来看,海河水质情况最差,劣Ⅴ类水质比重近60%;其次辽河劣Ⅴ类水质也占到近40%;淮河、黄河与松花江水质居中,Ⅴ类水质比重在1/3~1/4之间,这3条河流中黄河的Ⅰ、Ⅱ、Ⅲ类水质良好比重较高;长江与珠江水质最好,劣Ⅴ类水质比重在10%上下,Ⅳ、Ⅴ类水质也在20%上下,70%左右是Ⅰ、Ⅱ、Ⅲ类的良好水质。

中国国家环保总局发布的《2005年中国环境状况公报》表明,2005年全国环境质量基本稳定。2005年,全国地表水水质无明显变化。珠江、长江水质较好,辽河、淮河、黄河、松花江水质较差,海河污染严重;淮河、海河、辽河、太湖、巢湖、滇池、南水北调(东线)、三峡库区及其上游等重点治理流域的453个水质考核断面达标率为60%。总体来讲,淡水产品产地环境质量不高。

6.1.2 中国海水产品产地环境质量下降

近年来,虽然重污染海域的范围有所减小,但局部海域严重污染的状况仍然存在,近岸海域生态环境还处于较重污染水平。2006年《中国海洋环境质量公报》表明,中国海域总体污染形势依然严峻,近岸海域污染状况仍未得到改善。2002—2006年的五年间,全海域未达到清洁海域水质标准的面积维持在13.9万~17.4万km^2,年平均约15.5万km^2。其中,近岸未达到清洁海域水质标准的面积平均为11.0万km^2,约占中国近岸海域总面积的55%,占近岸功能区总面积的60%,近岸约25%的海域水质处于中度和严重污染状态。污染海域主要分布在辽东湾、渤海湾、长江口、杭州湾、江苏近岸、珠江口和部分大中城市近岸局部水域。中国陆源污染物占入海污染物总量的80%以上。2005年近岸海域公报指出,近岸大部分海域水质良好,海水水质有所改善,但局部海域污染严重。海洋保护区生态环境质量总体保持良好,约60%的海水增养殖区水质状况能够满足增养殖业水域要求。

2006年,各级海洋行政主管部门进一步加大了陆源入海排污口的监测力度,对全国600多个陆源入海排污口的排污状况及部分排污口邻近海域生态环境实施了全面监测。约81.4%的排污口超标排放污染物,超标排放的入海排污口主要分布在环渤海沿岸、长江口沿岸和广西沿岸等。四个海区中,渤海沿岸超标排放的排污口所占比例最高,达90.4%,黄海77.3%,东海79.4%,南海88.2%。广西、上海和山东超标排放的入海排污口数量占各自入海排污口数量的比例均超过90%。排污口邻近海域生态环境持续恶化,超过60%的排污口邻近海域生态环境质量处于极差状态;海水污染程度加重,80%以上的监测区域海水质量为Ⅳ类和劣Ⅳ类,43%的排污口邻近海域全部为劣Ⅳ类水质。污染还来自水产养殖、海上油气勘探开发、船舶航运、溢油事故及海上倾废等。中国海上溢油事故平均每年发生500多起,50 t以上的重大溢油事故平均每年发生2起。由此造成局部海洋生态系统受损严重,天然渔场形不成鱼汛,海洋珍稀物种减少。此外,当前的水产养殖模式极尽追求最大生态产出,不适当的养殖行为造成养殖生态环境恶化。例如养殖生物的密度过大,造成养殖生物的代谢产物积聚过多;过量投饵、残剩饵料沉积于水底等也引发产地环境水质和底质的恶化等。

6.2 中国水产品产地环境质量安全问题

水产品产地环境污染不仅直接危害鱼类生长,而且污染物通过生物富集与食物链传递而危害人类健康。海洋生物更易富集水体中的重金属、石油、农药、有机污染物和生物毒素等,人类食用了含有这些有害物质的鱼、贝类等食品,会出现诸如"水俣病"、"骨痛病"、"白细胞减少"等公害疾病,严重危及人类健康和安全。

6.2.1 渔业污染事故破坏水产品产地环境

水产养殖集约化程度不断提高,养殖种类和养殖密度急剧增加,病害日益严重,药物防治使用不规范,这些加剧了水产品产地环境质量的恶化。水产品产地环境质量影响到水产品的质量与食用安全。双壳贝类,由于其具有滤食性,易富集水体中细菌、病毒、毒素、重金属等,即使在技术先进的现代化工厂,其产品也会遭受致病菌或毒素污染的危险。根据 2004 年度《中国渔业生态环境状况公报》,当年全国共发生渔业污染事故 1 020 次,造成直接经济损失 10.8 亿元,因环境污染而造成的天然渔业资源经济损失 36.5 亿元。

6.2.2 渔药滥用危害水产品产地环境质量安全

渔药滥用和非法使用,一方面破坏养殖水体环境,加剧水生动物病害,形成恶性循环;另一方面水生动物耐药性增强,药物在动物体内积累,因而残留量增大,严重威胁食用安全。造成渔药滥用的原因之一是水产药物来源的先天不足,据调查目前使用的渔药大部分是从兽药、农药、化工产品移植而来,多属人兽(畜、禽、鱼)共用药物,适合水生动物特点的渔药不多。另外,由于部分养殖人员文化素质较低,较为广泛地存在药物使用不规范的情况,如对药物的药理、配伍及使用方法缺乏了解,盲目使用,从而影响水产品产地的环境质量安全,药品残留于水产品体内影响产品质量,危害食用者的健康。

6.2.3 生产不规范加大水产品产地环境质量安全隐患

由于对农药、渔药的生产、销售、使用监管不力,饲料中大量使用激素和抗菌类药物,一些养殖水产品中药物残留量超过了安全指标,并且水产冷冻品存在滥用添加剂等现象。中国《食品添加剂使用卫生标准》

(GB2760—1996)规定的磷酸盐类的使用范围不包括冷冻水产品,即冻虾仁产品中不能使用该类添加剂。2001年底,欧盟抽检中国冻虾仁氯霉素含量为 0.2 $\mu g/kg$,超过欧盟底限 0.1 $\mu g/kg$,因而货物被拒进口。据调查,一些养殖户为加速水产品的生长,追求高额利润,自行加工饲料和鲜活饵料,往往在饲料中添加抗生素、促生长素、兴奋剂等化学成分。这些化学物质在生物体内均有不同程度的残留,经常食用这种产品会出现头痛、疲乏、心慌等症。如甲鱼自然生长需经7年才可食用,而用性激素乙烯雌酚催长只需7个月便可端上餐桌;黄鳝靠雌激素饲养可长得又肥又大。渔用投入物质量差、利用率低等问题给中国的水产品产地环境质量与食用安全带来隐患。值得欣慰的是中国现行的《食品添加剂使用卫生标准》(GB2760-2007)于 2008 年 6 月 1 日起实施,尽管在修订后的标准里每种添加剂的使用范围和含量与国外仍有些不同,但是在框架和体例上更进一步与国际标准体系接轨,这表明了中国对上述问题关注程度的提高。

6.3 水产品产地环境质量安全研究进展

水产品产地环境质量包括无公害水产品渔业用水质量、大气环境质量及渔业水域土壤环境质量等。水产品产地环境质量的恶化是制约水产养殖业可持续发展的关键。

6.3.1 世界发达国家普遍重视水产品质量安全的研究与管理

水产品质量的保证,不仅与原料质量相关,还与加工过程密切相关。发达国家普遍采用了质量管理程序(Quality Management Program,QMP)或 HACCP 质量审核体系。美国于 1995 年底以联邦法规形式公布了由美国食品和药品监督管理局(U.S. Food and Drug Administration,FDA)负责制定的《水产品加工与进口安全卫生程序》,规定了 HACCP 的实施要求,不实行 HACCP 企业的产品不准进入美国市场,该法规已于 1997 年 12 月正式执行。欧洲经济共同体(European Economic Community, EEC)《水产品生产和投放市场的卫生规定》

(91/493/EEC)是强制性欧洲议会法规；加拿大的 QMP 是加拿大渔业海洋部主持的针对本国水产品生产和进口的强制性法规；日本农林水产省颁布了几十项水产品标准,对于进口产品还另有一套标准和法规,从严控制。这种预防性的措施是保证水产品安全的非常重要的环节。中国目前经 HACCP 认证的企业非常少。中国关于水产品质量安全标准与法规体系建设方面的工作起步晚,工作滞后,所颁布的大多是政府部门的规定,少有法令,即使这样,还呈现出政出多门、职责不清的情形。因此目前中国水产品加工业问题较多,如冻品特别是贝类、虾制品乱用添加剂、掺水增重等经济欺骗现象屡禁不止,直接影响中国水产品食用的安全性与在国际市场的竞争力。

6.3.2 国内水产品产地环境质量安全相关研究工作进展

近几年,中国农产品质量安全管理工作以全面实施"无公害食品行动计划"为切入点,逐步落实各项工作措施,取得了重要进展。在加强农产品质量安全基础体系(包括农产品质量安全标准体系、人才队伍、基础理论和关键技术研究等)建设的基础上,特别加强了水产品等农产品质量安全的管理。首先是完善农产品质量安全法规制度。加大了农药、兽药、渔药、饲料和饲料添加剂等管理法规的修订力度,发布了《无公害农产品管理办法》。水产方面相继对 39 种渔药做出了禁止使用的规定,对 5 种渔药做出了限制使用的规定。同时,启动了《农产品质量安全法》立法工作。其次是建立例行监测制度,农兽药残留监控体系已初见雏形。2001 年,农业部启动了农药残留、兽药残留监控计划,分别在每年的 1,4,7,9 和 11 月份,分五次对全国 37 个大中城市蔬菜中农药残留、16 个城市畜产品中兽药残留进行例行监测。监测结果在报送国务院领导的同时,反馈给有关城市的领导和主管部门,成为推进农产品质量安全工作的有效手段。从 2004 年开始,农业部决定在每年的 5 月中旬和 11 月中旬前后两次向社会公布检测结果。再次是加强农业投入品监管,强化"三个专项"整治行动。"三个专项"之一就是开展水产品药物残留专项整治行动,整顿水产养殖用药市场经营秩序,进一步加强水产品药物残留专项整治。

经过近年的努力,水产方面以青、草、鲢、鳙"四大家鱼"为重点的水产品,其中50%按照标准组织生产,对市场上淡水鱼类产品质量安全进行抽查合格率达到75%以上。无公害水产品产地养殖用水标准的出台,有力推动了中国水产品产地环境质量安全研究工作的开展,也提高了水产品安全生产的水平。此外,国内水产药物企业,开始重视生物技术研究以推广无公害健康养殖。通过近几年的努力,水产行业提出了"水质改良专家"的思想,体现了对退化养殖生态环境的修复和重建的独特见解和理念。但水产品养殖环境的质量安全工作并非短时之内能够完成的,还需要方方面面的水产从业者进行不懈的努力、研究和探索。

第7章 中国水产资源质量变化分析

联合国粮食及农业组织(Food and Agriculture Organization of the United Nations,FAO)(以下简称粮农组织)的《世界海洋渔业资源状况》、《世界渔业资源状况回顾:内陆渔业》及《世界渔业和水产养殖状况》等出版物显示:在全球渔业每年捕捞的渔获物中大约包括1 000种不同的海水和淡水种类,而有236种鱼、无脊椎和植物种类则是通过养殖场生产的。粮农组织于2007年6月11—15日召开的粮食和农业遗传资源委员会两年度会议(Commission on Genetic Resources for Food and Agriculture,CGRFA)上指出,保护水生遗传资源和改善全球粮食安全需要国际政策的改进。该机构警告说,世界鱼类遗传资源缺乏协调一致的管理正在成为一个严重的问题。

7.1 中国捕捞水产资源单产水平变化分析

目前中国海洋水产资源普遍被过度利用,单位捕捞努力量、渔获量下降,主要渔获物种类交替,低龄化、小型化和低值化日益加剧;内陆水域水产资源也明显衰退,20世纪50年代长江流域的捕捞产量曾达40多万t,近年来仅10万t左右。随着中国工农业生产的发展,水域污染、水利建设、采沙、围垦造成的生态破坏严重制约了渔业生产的发展。水域污染直接降低水域生物生产力;水利建设、采沙、围垦等破坏了渔业资源的栖息地及环境,江河上行下泻受到影响,造成渔业资源生存空间被挤占、洄游通道被切断、产卵场遭破坏,导致渔场功能退化,水域综合生产力下降。

早在20世纪90年代中国捕捞水产资源便呈现退化的趋势了。浙江象山石浦港是全国四大渔港之一,石浦"船老大"林胜利说,80年代初撒网捕鱼,一网能打上几万斤*,多时十几万斤的也有;但自90年代中期以后,一网仅能打上两三千斤,有时甚至是空网。另外,20世纪六七十年代南海比较常见的池鱼汛、黄花汛、牙带汛、赤鱼汛等大型鱼汛如今都不见了。近海捕捞强度超过自然资源的再生能力,在海洋捕捞的产量中主要经济鱼类呈下降趋势,赤鱼、三黎、曹白鳘鱼等几乎绝迹。渔业水域环境恶化和资源的过度利用,导致中国水产生物资源和养殖生产受到严重的破坏和影响。专家认为,南海渔区许多经济鱼类几年后可能重蹈东海大黄鱼消亡的覆辙。据农业部提供的资料,2000年中国在南海海域的捕捞量超过300万t,而一年当中南海海域海洋鱼类的增长量仅为200万t左右。

7.2　中国捕捞水产资源质量变化分析

在野生环境中,鱼类遗传资源有助于确定鱼类种群的生产力及其对诸如气候变化和人类发展等环境应激的适应能力。近年,水产自然资源衰退,天然捕捞水产资源质量下降,单产(单船或单网)渔获量减少。在捕捞水产业中,鱼类遗传资源面临的最大威胁是过度捕捞、生境退化、陆源污染、外来种侵害和气候变化。世界上大多数海洋捕捞水产业已经至少得到充分的开发或开始衰败,其生产已经达到稳定水平。粮农组织认为,目前水产资源面临的一个最主要的威胁是具有独特遗传特性的亚种群的灭绝,它们中的许多仍有待做出鉴定和描述。根据粮农组织最新发表的、包含了全世界商业性捕捞的600余种海水鱼类资源信息的两年度报告《世界渔业和水产养殖状况》:世界天然捕捞水产资源中3%开发不足,20%中度开发,53%充分开发(健康状况良好而且产量达到了可能的最高水平,但是如果得不到负责任的管理,它们

---

*　1斤=0.5 kg,下同

会面临过度开发的危险),25%的海洋种群或过度开发(17%)、枯竭(7%)或正在从耗竭中恢复(1%)。而在内陆水产业方面,不管这些水产资源的状况如何,人们对所捕获的种类了解不多。但是在人类利用的脊椎动物中,内陆淡水鱼类已经被认为是受到最大威胁的种群。

中国应在遵守有关国际公约、协定,保护和合理利用资源的前提下,参与公海水产资源开发。远洋水产业的不断发展,减轻了近海海域的捕捞压力,实现了由传统、单一的拖网作业方式向拖、钓、张网等多种作业方式的转变;实现了由利用普通经济鱼类满足国内市场向开发利用高档经济鱼类满足国内外市场的转变;实现了由规模型向效益型的转变。"九五"以来,国家出台了一系列加强海洋水产资源开发与保护方面的政策。完善了伏季休渔制度,从1995年起中国东海和黄海相继实施了伏季休渔制度;进一步控制捕捞,压减渔船数量,捕捞业实行零增长战略;海水养殖业在优良品种培育、生态优化养殖、深海区养殖等方面有了新的进步,不少地区的养殖产量超过捕捞量。沿海各省(市、区)各级政府和渔业行政主管部门对此非常重视,纷纷结合当地实际情况及时制定了相关的保证措施,1993—1998年海洋捕捞产量的年间增幅从16.75%降到8.03%。许多省(市、区)另外还采用限制新增捕捞渔船的方法,来严格控制近海捕捞强度。通过对水产资源与环境的管理保护,主要的经济鱼类资源得到了有效的保护,鱼类种群的生态平衡正在逐渐恢复,渔获数量和质量明显提高。

7.3　中国养殖水产资源单产变化分析

中国的水产养殖从20世纪50—70年代一直稳步发展,水产养殖方式由传统型向现代化、工厂化、集约化和效益型转变;由单一或传统水产养殖品种向多品种、名特优和中外优良养殖品种相结合转变;由数量型向质量和效益型转变;由分散经营型向规模经营型转变。

7.3.1　内陆水产养殖单产稳定提高

自20世纪80年代以来,中国的水产养殖以每年16%以上的速度增长。20世纪90年代中后期中国水产养殖进入一个快速发展时期。同期世界主要渔业国家产量有所下降,世界水产品产量的增长主要来自中国。中国水产业增长率比同期世界水产业4.0%的增长率高出了8.5%,中国水产品产量占世界总产量的比重,从1993年的20.6%提高到1998年的30.8%,总产量居世界之首。而且在这5年内的世界养殖渔业产量增长总数中,中国占42.24%(根据FAO数据统计),是世界上唯一养殖产量超过捕捞产量的国家。由于消费水平提高,内陆水产养殖在品种结构上也作了重要调整,名特优(鳜鱼、罗氏沼虾、甲鱼、鳗鱼、珍珠等)品种产量增加。海水养殖品种也从海带、紫菜、贻贝等大宗产品,发展为鱼、虾、海珍品(扇贝、鲍鱼、海参、珍珠)等名特优品种,产品结构和产业结构得到了进一步优化。

中国水产品总量增长的主要原因之一是单产的提高。由表7.1可以看到,近10年中国水产养殖单产的总体水平是逐年提高的。1996—2005年的10年间,全国水产品每公顷单产平均提高了1.21 t,内陆水域养殖及稻田养鱼的单产水平近10年是稳步提高的。内陆水产与内陆水域养殖单产分别提高了1.17和1.07 t,每公顷单产分别提高了53%和33%。其中池塘、湖泊、水库、河沟和稻田养鱼每公顷单产分别提高1.55、0.38、0.58、0.58和0.33 t,单产水平分别提高了38%、47.5%、89%、37%和53%。

7.3.2 海水养殖单产水平徘徊不前

就养殖方式间的单产水平而言,海水养殖单产高于内陆水产养殖,但1996—2005年海水养殖的单产水平则是徘徊不前(见图7.1),而且还略有下降。海水养殖中海上或滩涂养殖的单产水平,每公顷产量在7～11 t之间,陆基水产养殖单产仅有4 t左右。

7.3.3 海水养殖单产变化率大于内陆养殖

从全国水产养殖单产年度增长率变化趋势(见图7.2)来看,水产养殖总的单产水平年际间变化不大,多在0～5%之间变动;内陆水产养殖除1997—1998年单产年度增长率变动超过5%,其他年份的变动

第7章 中国水产资源质量变化分析

表 7.1 1996—2005 年全国水产养殖单产变化情况*

单位：t/hm²

年份	总计	海水	≠海上	≠滩涂	≠陆基	内陆	内陆水域	≠池塘	≠湖泊	≠水库	≠河沟	其他	稻田养成鱼
1996	3.28	9.29				2.26	2.18	4.10	0.80	0.65	1.56	2.39	0.31
1997	3.44	8.43				2.50	2.39	4.47	0.92	0.74	1.62	2.90	0.35
1998	3.59	8.56				2.60	2.49	4.56	0.97	0.81	1.70	2.60	0.42
1999	3.81	8.90				2.74	2.60	4.75	0.97	0.86	1.79	2.88	0.44
2000	3.95	8.53				2.87	2.73	4.90	1.04	0.92	1.76	2.78	0.49
2001	4.10	8.80				2.97	2.83	5.01	1.06	0.99	1.71	2.44	0.56
2002	4.27	9.02				3.10	2.95	5.16	1.13	1.03	1.82	1.77	0.65
2003	4.26	8.18	10.70	7.53	4.23	3.18	3.00	5.22	1.12	1.11	1.93	2.95	0.66
2004	4.41	8.14	10.42	7.72	4.10	3.34	3.18	5.48	1.22	1.21	2.05	2.71	0.62
2005	4.49	8.17	9.94	8.04	4.22	3.43	3.25	5.65	1.18	1.23	2.14	3.39	0.64

注：原始资料源于中华人民共和国农业部渔业局编制的《中国渔业统计年鉴》(1997—2005 年)。

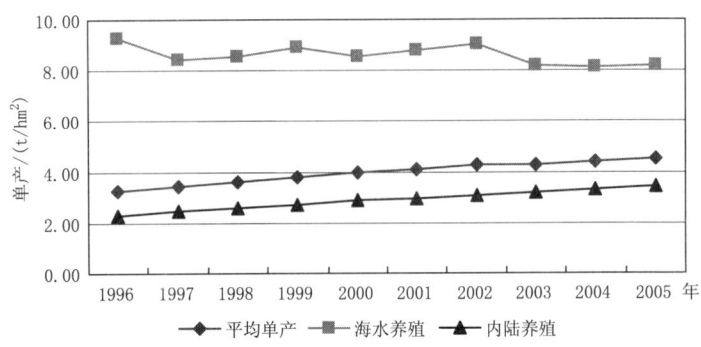

图 7.1　1996—2005 年全国水产养殖单产变化趋势

都不大；相比较而言，海水养殖单产年度增长率的变化幅度在±5％～±10％之间，且多以 4 年为一个周期进行波动，这说明海水养殖受到意外因素的影响更多些。具体看各年度间或不同养殖方式的水产单产年度增长率变化情况（表 7.2），全国水产养殖单产年度增长率除 2003 年为－0.23％外，其他年份均为正值，年度增长率最高为 1999 年的 6.13％，1997—2005 年水产养殖单产年均增长率是 3.55％。海水养殖单产年度增长率则是正负交替，1999 年最高，为 3.97％，最低为 2003 年的－9.31％，1997—2005 年的年均增长率为－1.42％。1997—2005 年内陆水产养殖单产年度增长率均为正值，最高为 1997 年的 10.62％，最低为 2003 年的 2.58％，年均增长率为 4.74％；1997—2005 年内陆水域水产养殖单产年度增长率也全部为正值，最高为 1997 年的 9.63％，最低为 2003 年的 1.69％，年均增长率为 4.54％；1997—2005 年池塘水产养殖单产年度增长率全部为正值，最高为 1997 年的 9.02％，最低为 2003 年的 1.16％，年均增长率为 3.63％；1997—2005 年湖泊水产养殖单产年度增长率有 2 年为负值，最高为 1997 年的 15.00％，最低为 2005 年的－3.28％，年均增长率为 4.41％；1997—2005 年水库水产养殖单产年度增长率全为正值，最高为 1997 年的 13.85％，最低为 2005 年的 1.65％，年均增长率为 7.34％；1997—2005 年河沟水产养殖单产年度增长率有 2 年为负值，最高为 2002 年的 6.43％，最低为 2001 年的－2.84％，年均增长率为 3.57％；1997—

第 7 章 中国水产资源质量变化分析

2005 年稻田成鱼养殖单产年度增长率多为正值,最高为 1998 年的 20.00%,最低为 2004 年的 -6.06%,年均增长率为 8.39%。

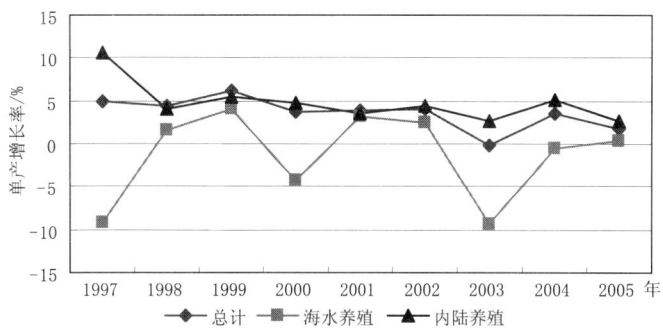

图 7.2　1997—2005 年全国水产养殖单产增长率变化趋势

表 7.2　1997—2005 年全国水产养殖单产年度增长率变化情况　单位:%

年份	总计	海水	内陆	内陆水域	♯池塘	♯湖泊	♯水库	♯河沟	其他	稻田养成鱼
1997	4.88	-9.26	10.62	9.63	9.02	15.00	13.85	3.85	21.34	12.90
1998	4.36	1.54	4.00	4.18	2.01	5.43	9.46	4.94	-10.34	20.00
1999	6.13	3.97	5.38	4.42	4.17	0.00	6.17	5.29	10.77	4.76
2000	3.67	-4.16	4.74	5.00	3.16	7.22	6.98	-1.68	-3.47	11.36
2001	3.80	3.17	3.48	3.66	2.24	1.92	7.61	-2.84	-12.23	14.29
2002	4.15	2.50	4.38	4.24	2.99	6.60	4.04	6.43	-27.46	16.07
2003	-0.23	-9.31	2.58	1.69	1.16	-0.88	7.77	6.04	66.67	1.54
2004	3.52	-0.49	5.03	6.00	4.98	8.93	9.01	6.22	-8.14	-6.06
2005	1.81	0.37	2.69	2.20	3.10	-3.28	1.65	4.39	25.09	3.23
年均增长	3.55	-1.42	4.74	4.54	3.63	4.41	7.34	3.57	3.96	8.39

注:原始资料源于中华人民共和国农业部渔业局编制的《中国渔业统计年鉴》(1997—2005 年)。

7.3.4　地区间水产养殖单产水平差距大

目前,中国水产养殖业中单产水平高低相差悬殊,整体水平不高,单产几十斤的池塘还占有相当大的比重(杨威 2002)。从 2005 年全国水产养殖单产统计资料(表7.3)来看,省间差距也很大。海水养殖每公顷单产较高的区域是南部沿海省(区):福建20 285 kg、广西14 422 kg、海南10 543 kg、广东10 067 kg;较低的省(市)有天津、河北、江苏、辽宁、每公顷单产分别为2 271,2 888,3 189和4 721 kg,高产与低产之间相差4~9倍。内陆水产养殖每公顷单产的差距更大,高的如天津、广东、福建分别为7 482,7 476和6 151 kg,低产的青海、内蒙古、吉林、甘肃每公顷单产分别仅有39,444,467和744 kg,高低相差在10~190多倍。通过种苗体系、渔用饲料体系、病害防治体系的建立和完善,养殖新技术的推广应用,养殖优良品种的引进及池塘改造等措施,水产养殖单产会有一个新的提高甚至飞跃。

表7.3　2005年中国各省份水产养殖单产情况　　单位:kg/hm²

地区	海水养殖	内陆养殖	地区	海水养殖	内陆养殖
全国			河南		2 097
北京		3 266	湖北		4 075
天津	2 271	7 482	湖南		3 413
河北	2 888	4 449	广东	10 067	7 476
山西		1 971	广西	14 422	4 892
内蒙古		444	海南	10 543	4 436
辽宁	4 721	3 406	重庆		3 409
吉林		467	四川		4 546
黑龙江		999	贵州		1 904
上海	8 810	4 866	云南		2 474
江苏	3 189	3 782	西藏		3 412
浙江	7 837	3 512	陕西		2 386
安徽		2 336	甘肃		744
福建	20 285	6 151	青海		39
江西		3 859	宁夏		3 336
山东	8 788	3 474	新疆		950

注:资料来源于中华人民共和国农业部渔业局编制的《2005中国渔业统计年鉴》(2005年)

需要说明的是,中国水产养殖业已明确为积极发展远洋捕捞渔业和内陆养殖渔业,所以今后水产品生产的扩大发展将主要有赖于水产养殖业的发展。不过由于不同水产品品种间营养价值与市场价格的差异非常大,单产水平并不能像大宗农作物产品那样可以反映生产的效益。尤其是在城乡居民生活水平提高后,市场需要更多的名特优新品种和多样化的产品,因此水产品生产在达到一定数量后,产业效益的高低将以质取胜。加之中国水产品产量中有相当一部分用于出口,因而水产品生产需要综合考虑单产与价格等多方面的因素。

7.4　中国水产养殖资源质量变化分析

中国近海、河口、浅滩和内湾水域受到不同程度的破坏与污染,影响了水产品产地环境质量。海水养殖水域环境质量下降,病害蔓延,从而影响了海水养殖产品的质量。2006年《中国海洋环境质量公报》表明,中国海域总体污染形势依然严峻,近岸海域污染状况仍未得到改善。近岸约25%的海域水质处于中度和严重污染状态。污染海域主要分布在辽东湾、渤海湾、长江口、杭州湾、江苏近岸、珠江口和部分大中城市近岸局部水域。海水污染程度加重,80%以上的监测区域海水质量为Ⅳ类和劣Ⅳ类,43%的排污口邻近海域全部为劣Ⅳ类水质。此外,当前的水产养殖模式极尽追求最大的生态产出,不适当的养殖行为造成养殖生态环境恶化。如养殖生物的密度过大,造成养殖生物的代谢产物积聚过多;因过量投饵使残剩饵料沉积于水底等也引发了产地环境水质和底质的恶化等。

中国淡水养殖面积与淡水产品总产量均居世界淡水养殖总量的第一位,但因江湖水体污染导致养殖水域水质恶化,严重影响了水产品的食用安全品质。

水产品产地环境质量影响到水产品的质量与食用安全。水产品质量的安全保证,不仅与原料质量相关,还与加工过程密切相关。2007年中国渔业研究咨询报告指出,市场对水产品质量日益提高的安全要求与中国水产品质量安全保障水平低的矛盾日益突出。随着经济的发展和人民生活水平的提高,国内外消费市场对水产品质量安全要求越来越高。但目前中国水产养殖不合理用药现象仍较为普遍,水产品药残超标事件屡有发生;部分渔业水域环境质量下降,导致水产品被污染或携带病毒、细菌、寄生虫、生物毒素的几率增加;加工企业质量风险防范意识不强,加工过程中仍存在使用禁用物质或掺假使假行为,这些行为使得中国水产品质量安全尚存在很多隐患。

目前发达国家普遍采用了 QMP 或 HACCP 质量审核体系。2000年以来,中国陆续修订了农产品质量安全相关产品标准与规范生产技术规程等,开始从源头上控制农产品生产环境质量恶化的势头。中国国家标准 GB18407.4—2001,提出了农产品安全质量对无公害水产品产地环境的要求,包括淡水养殖用水水质与海水养殖用水水质及其评价原则,特别指出无公害水产品的生产环境质量必须符合该标准相关部分的规定。2003 年 7 月 24 日农业部第 31 号令《水产养殖质量安全管理规定》的养殖用水内容中,规定了《无公害食品海水养殖用水水质》(NY5052—2001)和《无公害食品淡水养殖用水水质》(NY5051—2001)等标准。从 2005 年开始,渔业水质污染、渔药残留、农药残留和有毒有害物质危害问题得到初步缓解,75%以上的水产品要按照标准组织生产。2006 年农业部按照《水产养殖业增长方式转变行动实施方案》的工作内容、进度等要求,明确了 130 个农业部水产健康养殖示范区。无公害水产品产地养殖用水标准的出台,有力推动了中国水产品产地环境质量安全研究工作的开展,也提高了水产品安全生产的水平。

第8章 中国水产资源变化趋势分析

野生鱼类的捕捞无法满足不断增长的消费需求。根据FAO《20世纪国际渔业及水产养殖报告》,20世纪70—80年代,野生鱼类捕捞量徘徊不前,进入90年代后没有增长,预计在未来几年内全球野生鱼类捕捞量甚至可能会下降。FAO指出,全球主要海产品资源中约有3/4已达最大产出潜力。中国现有水生生物2万多种,具有保留物种数量大、生态系统类型齐全等特点。但近年来由于水域污染、人类活动等因素的影响,导致水域生态环境不断恶化,造成了渔业资源的严重衰退,大量水生生物栖息地遭到破坏。由于世界范围内海洋水产资源呈衰退趋势,因此未来国际水产品消费市场的缺口将主要依赖于养殖产品补充。目前,全球水产养殖共有220多个品种,提供着全球1/3的鱼类食物。FAO估计,到2030年,鱼类消费的一半以上将来源于水产养殖。中国的水产养殖产量在数量上占全球总量的2/3,其中90%是有鳍鱼,特别是中华鲤科品种,包括白鲢、草鱼、鲤鱼、鳊鱼、欧洲鲫和青鱼等。

水产业高度依赖于自然资源,是典型的资源约束型行业,水产品生产场所和生产对象都具有不可替代性。首先,对水产资源的依赖性使水产业生产无法回避水产资源变动带来的影响,这种影响有时来自水产资源自身的客观变动,但更主要的是人为因素产生的不利影响,如水域污染、生态破坏及过度捕捞等,这些都会影响水产业生产的物质基础,加大水产品生产的外在风险。其次,水产业对水域(滩涂)具有依赖性,但由于水域的多功能性和有限性使得渔民被动地与航运、水利、排污、采沙等社会部门进行水域利用的竞争,并承受其他社会部门利用水域产生的渔业损害。

8.1 中国水生生物资源变化趋势分析

水生生物资源是指以水域、滩涂为主要栖息、生长、繁衍场所的生物资源。水生生物资源具有巨大的经济社会价值,为保障国家粮食安全、促进渔业乃至整个经济社会发展提供了重要的物质基础。以水生生物资源为主体的水域生态系统,同森林、草原等生态系统共同构筑了国土生态体系,在维护国家生态安全方面发挥着不可替代的作用。因此,确保中国水生资源可持续发展,是实现人与自然和谐发展的基本要求之一,也是落实科学发展观、构建社会主义和谐社会的重要内容。

8.1.1 中国水生生物资源与开发利用

中国是世界上12个生物多样性特别丰富的国家之一。中国拥有辽阔的海域和内陆水域,它们的地理区域与气候特征等生态资源条件复杂多样,从而孕育了丰富多样的水生物资源。中国水生生物具有特有程度高、孑遗物种数量大、生态系统类型齐全等特点,在世界生物多样性中占有重要地位。

中国海洋水域共有2万多种水生生物,其中鱼类3 248种,虾、蟹类1 388种,螺、贝类1 923种,海藻类790种,鲸、海豹和儒艮等哺乳动物39种,石珊瑚240种,红树林植物40种。淡水水域中,鱼类有800多种,其中海淡水洄游性鱼类近70种,其他的淡水水生生物种类,如甲壳类(虾、蟹)、贝类(蚌、螺)、爬行类(鳖、鳄)以及高等水生维管束植物(莲、藕、菱、芡、苇)等种质资源也十分丰富。多年来随着养殖生产的发展,中国还从国外引进养殖生物达100多种,其中已经在生产上推广的有60多种。丰富的水生生物资源是大自然赐予人类的宝贵财富(王清印等 2005)。

1999和2001年科技部分别下达了科技基础性工作专项资金项目——"主要水产养殖品种种质资源收集、整理、保存"和"中国水产种质资源数据库及网络建设"。这两个项目是由中国水产科学院组织实施,由渔业综合信息中心协调,联合该院所属的黄海水产研究所、东海水产研究所、南海水产研究所、珠江水产研究所、淡水渔业研究中心、黑龙江水产研究所和长江水产研究所等单位共同完成。该项目的实施有力地推动了中国水产种质资源的研究与保护利用工作的开展,吸引了众多科技工作者深入研究和相互合作,从而产生出许多系统性的研究成果。其中由王清印等主编的《中国水产生物种质资源与利用》一书,系统介绍了中国水产生物种质资源的研究成果,共收录了58种中国重要水产养殖生物种质资源研究的学术成果,其中鱼类47种,节肢动物4种,软体动物6种,爬行类1种。这些成果为全面深入地认识、开发和保护水生生物资源提供了科学依据。

由于水生生物固有的生物特点,增加了人们对水生生物种质资源认识与开发利用及保护的难度。唐启升院士(唐启升等 2000)认为,水生生态系统与陆生生态系统共同构成了人类赖以生存的生物支撑系统。但是水生生物及其生存的环境比陆地复杂得多,不易为大家所了解,由此增加了保护的难度。这与我们对水生生物的认识有很直接的关系,我们缺乏对水生生物特殊性的认识。水生生物有其特点:一是再生性,水生生物有繁殖能力,但需要特殊的繁殖环境;二是多样性,水生生物有很强烈的生态多样性,分布也具多样性;三是移动迁移性强,水生生物具有季节性和洄游性变化,随着季节的变化调整其生活习性;四是波动性,由于前几个特性,造成水生生物很容易受环境影响,环境变化大,其数量也随之发生变化。以上是一般的特性。相对于陆地生物而言,水生生物还有两个特殊性,一是水生生物具有隐蔽性,很容易受到损害;二是水生生物具有共享性,人们有意无意地会对它们造成伤害。

8.1.2 中国水生生物资源发展变化

据 FAO 的报告,在目前 200 种海产鱼中,过度捕捞或资源量下降的有 60%。在中国,水产业也面临着过度捕捞、资源量下降的严重局面。

(1)水生生物资源日益衰退

目前,中国水生生物资源整体状况不容乐观,主要表现在资源严重衰退、种质急剧退化和遗传基因丧失等。据调查,中国处于濒危状态的水生野生动植物种类已由1988年的80个增加到目前的近400个,白鳍豚、白鲟、鲥鱼等长江珍稀物种或濒临绝迹,或已难觅踪迹。目前列入中国濒危动物红皮书的濒危鱼类物种数量是92种,2000年专家评估认为需要保护的水生野生生物种类有169个。一些重要的珍稀水生野生动物物种已濒临绝迹,比如白鳍豚、白鲟是中国特有的,现在已不足100头了,如果不加强保护,子孙后代可能就看不到了。保护好水生生物意义十分重大,每一个物种在生态系统中都占有各自特定的地位,与生态系统中的其他生物和非生物互为依赖,共同维持生态平衡。一个物种的消失,将导致若干物种的灭绝,直至造成整个生态系统平衡的改变。任何一个物种或基因一旦从地球上消失,是用任何方法都不能再创造出来的。

(2)重点水域水生生物种质资源退化严重

沿岸海域和内陆水域是众多水生生物的主要产卵场和索饵育肥场,但由于受水域污染的影响,水域功能明显退化,水生生物的亲体繁殖力和幼体存活力降低,水域生产力急剧下降,最具典型的渤海水域,生产力水平已不足20世纪80年代的1/5。根据资源调查与专家评估结果,现有海洋捕捞能力已超过资源承受能力的30%以上。同时,长期以来粗放式、掠夺式的捕捞生产方式,以及大量非传统渔业劳动力的无序涌入,使海洋生物资源承受着日益巨大的压力。20世纪70年代以来,中国传统优质渔业品种衰退程度不断加剧,海洋生物物种间平衡被打破,群落交替现象明显,渔获物平均营养级下降,低龄化、小型化、低值化现象严重,捕捞生产效率和经济效益明显下降。虽然中国水产养殖业发展较快,但水产养殖的苗种或亲鱼80%来自于天然水域。随着天然水域鱼类资源的衰退,水产养殖业将面临越来越多的困难,渔业可持续发展将面临更大的挑战。

长江素以水生生物资源种类多样、数量丰富、特有性高而著称于世。长江水生生物数据库主要收录生活在长江及其流域水体中的水生生物物种的基本信息。数据库中目前收集了水生生物 4 587 种,水生动植物有 1 450 多种,其中鱼类 370 种,特有鱼类 148 种。该流域也是中国众多珍稀野生濒危水生野生动物的重要栖息繁衍场所,包括白鳍豚、中华鲟、白鲟、江豚、大鲵、胭脂鱼等数十种国家一、二级重点保护水生野生动物。丰富多样的长江水生生物资源和水域生态系统,在维护生物多样性、保持生态平衡和保障社会经济发展方面发挥着不可替代的作用。目前,长江水生生物资源及水域生态不断恶化,并呈现出荒漠化趋势。过度捕捞造成水生生物资源严重衰竭,长江主要经济鱼类青、草、鲢、鳙的种苗产量已由最高年份的 300 亿尾,下降到目前的 4 亿尾,白鳍豚、白鲟、长江鲥鱼等珍稀物种已濒临灭绝。

中国科学院水生生物研究所鱼类生态学和保护生物学家王剑伟博士,带领由 14 名专家学者组成的调研组对作为长江主要流域之一的乌江贵州部分流域的水产种质资源及渔业水域生态环境现状进行了跟踪调查,发现乌江特有鱼类细鳞裂腹鱼、金线鱼巴、长鳍吻鱼、泉水鱼、岩原鲤、中华倒刺鱼巴、铜鱼及国家二级保护动物胭脂鱼、大鲵、疣螈等多种水生珍稀野生动物物种的数量急剧下降。专家们分析认为,导致水生物种数量下降的原因主要是沿江两岸自然生态遭到人为破坏,人们对水生野生动物非法捕捞及修建水电站等,给整个乌江流域的水生生物的多样性、特有物种和珍稀动物资源带来了根本性的影响。

8.1.3 中国水生生物资源发展变化趋势分析

水生生物的共享多资源及其多功能特性,决定了水生生物养护工作是一项社会公益性事业。过去,相对陆生生态系统,政府和社会对水生生态系统建设和水生生物资源养护这一块的投入是比较薄弱的。这几年,公共财政及有关部门对此给予了大力支持,使这项工作取得了明显进展。当然,对于保护水域生态系统和养护水生生物资源这样一项宏大的工程来说,光靠公共财政的投入是远远不够的,还应该广开资金投入渠道,积极改革和探索市场经济条件下的政府投入、银行贷款、企业资金、个人捐助、国外投资、国际援助等多元化投入机制。同时还要建立健全水生生物资源有偿使用制度,完善资源与生态补偿机制。按照谁开发谁保护、谁受益谁补偿、谁损害谁修复的原则,开发利用者应依法交纳资源增殖保护费用,专项用于水生生物资源养护工作;对资源及生态造成损害的,应进行赔偿或补偿,并采取必要的修复措施。当前,中国处于水生生物资源养护的关键时期,也是保护区事业发展的关键时期。中国水生生物保护区建设尚未完成抢救性保护阶段,保护区的数量与规模远不能满足当前水生物种保护需要,许多珍稀濒危物种栖息地、重要水生生物湿地和生态系统尚未建设保护区。目前,受保护区保护的国家重点保护陆生野生动物物种已达85%,而受保护区保护的水生野生动物物种仅占40%,这与水生物种的重要地位和其目前的濒危程度极不相称,水生生物保护区建设任务非常艰巨。

2006年2月,农业部专门颁布了《中国水生生物资源养护行动纲要》(简称《纲要》),《纲要》在系统总结中国水生生物资源养护工作经验教训的基础上,吸收借鉴了国外先进的管理理念和措施,结合中国国情和新时期水生生物资源养护工作要求,从国家层面和战略高度提出了中国水生生物资源养护工作的指导思想、基本原则、奋斗目标、需要开展的重大行动和保障措施,为今后一段时期中国水生生物资源养护工作指明了方向。中国将进一步加大水生生物资源养殖放流和保护区建设力度,截至2009年底中国已建立水生生物自然保护区200多处,其中国家级16处、省级52处、市(县)级130多处,总面积10多万km^2。保护区的数量和面积增加了,保护对象和范围扩大了,保护区的基础设施有了明显改善,保护和管理能力有了较大提高,这些成为中国生态保护体系的重要组成部分。

长江流域是中国重要的渔业产区,渔业产量约占全国淡水水产产量的60%,具有举足轻重的地位。由于在水产种质资源特别是名特优鱼类资源方面具有得天独厚的优势,长江流域又被誉为中国淡水渔业的摇篮、鱼类基因的宝库和经济鱼类的原种基地。作为中国重要的优质水产品产业带和农村产业结构调整的重点发展区域之一,长江流域目前通过长江渔业维系着沿江几十万渔民的生计,是沿江农(渔)民增加收入的主要来源和脱贫致富的重要途径。长江丰富的水生生物资源、多样的水域生态类型,在促进长江渔业乃至沿江地区经济社会发展、维系长江流域生态平衡和生物多样性、保障国家生态安全方面发挥着重要作用。因此专家们建议,中国渔业部门和沿江各级人民政府,在继续实施长江禁渔期制度、开展水生生物资源增殖放流、加强珍稀濒危水生野生动植物保护等措施的同时,也应加强长江水生物保护法规和制度建设,建立和完善相关保护新机制,也要注重对长江生态环境的修复。

保持长江流域水生物资源的丰富性和水域生态类型的多样性,不仅对促进渔业乃至对沿江地区社会经济发展、维系流域生态平衡和生物多样性等都有重要意义,而且对保障国家生态安全,也发挥着重要作用。为保护长江流域珍稀濒危水生野生动植物资源和特有鱼类资源,农业部门已在长江流域建立各级保护区40多个。通过加大自然保护区的建设和投入力度,目前长江流域已建立了白鳍豚、白鲟、中华鲟、大鲵等国家级和省级自然保护区9个,市县级自然保护区30多个,从而对国家一、二级重点保护水生野生动物及长江特有生物物种进行了重点保护。从1998年至2006年,沿江各地渔业主管部门累计已救护、放生误捕或受伤的白鳍豚、中华鲟和江豚等各类水生野生动物、濒危物种上万头(尾),受到了社会各界的普遍关注和高度赞扬。有关部门还组织开展长江水生野生动植物资源调查和监测,摸清濒危物种的生存状况,制定实施了《中国长江鲸豚类保护行动计划》。另外,他们还通过鼓励开展濒危物种人工驯养繁殖研究,为增加物种数量创造了条件。

上述这些工作与行动为长江水生生物资源保护管理工作提供技术支撑,相关政策措施有力推动了中国水生生物资源的保护与生态环境的恢复状况,让人们对中国水生生物资源的发展变化趋势有一个较好的期待。

8.2 中国海洋水产资源变化趋势分析

海洋水产资源是海洋资源的重要组成部分,海洋水产资源包括海洋捕捞、养殖水产品生产所涉及的海域、海岸线、海岛、滩涂、水生物及港口等相关资源。随着社会经济发展与科技水平的提高,中国海洋水产资源也在不断发展变化。

8.2.1 中国海洋水产资源与开发利用

海域是一定范围的海洋区域,包括水面、水体、海床和底土。依据《联合国海洋法公约》,中国主张拥有的海域面积有近 300 万 km^2。其中,沿岸内部水域和领海是中国领土的重要组成部分,专属经济区和大陆架是中国具有勘探开发自然资源主权权利和资源管辖权的区域。在《全国海岸带和海涂资源综合调查报告》中,海域调查部分自海岸线向海面扩展至 10 m 或 15 m 等深线,在水深岸陡的岸段,调查宽度不小于 10 km。随着科学技术的发展和海洋开发技术的提高,浅海范围的概念也随之扩大,有的地方以 20 m 等深线为界,有的地方甚至扩至 30 m 等深线。据全国海岸带调查,中国大陆沿岸浅海海域面积:0~10 m 等深线海域面积约 626.5 万 km^2,0~15 m 等深线海域面积约为 1 238.02 万 km^2,0~20 m 等深线海域面积约为 1 570 万 km^2。中国浅海海域资源以东海沿岸最为丰富,约占海域总数的 31.5%,渤海占 25.1%,位居第二,南海和黄海分别占 24.5% 和 18.9%。

海岛是海域中四周被海水包围,高潮时露出海平面的陆地。中国所属海域中分布着成千上万的海岛,面积大于 500 m^2 的海岛有 6 500 余个,岛屿海岸线长于 14 000 km。海岛分布以东海最多,占 66%,南海占 25%。从省区来看,浙江省占全国岛屿数的 49%,福建占 21%,其后依次为广东、广西、山东、辽宁、海南、台湾、河北、江苏、上海和天津。长江口以南海区海岛占总数量的 89.8%,而长江口以北海岛占 10.2%。

滩涂资源是指大潮高潮位和大潮低潮位之间的土地及其承载的生物,其范围包括沿海滩涂、滨海沼泽地和河口滩地。据《全国海岸带和海涂资源综合调查报告》,中国潮间带滩涂的总面积为 213.33 万 hm^2,《中国统计年鉴(1998)》中记载的海洋滩涂面积为 208 万 hm^2。其中大陆海岸线潮间带滩涂资源占 95%,岛屿滩涂资源仅占 5%。中国沿海滩涂资源按四大海区来讲其面积比重自北向南逐渐减少,渤海占 31.3%,黄海占 26.8%,东海占 25.6%,南海占 16.3%。从行政省区来看,江苏沿海滩涂面积最大,有 51.28 万 hm^2,面积次之的山东为

33.87万 hm^2,浙江为28.82万 hm^2,辽宁、福建、广东三省各有约20万 hm^2,河北、广西各为约7万 hm^2,上海、天津和海南各有数千公顷。

中国海洋水产资源品种极其丰富,拥有海洋水生生物20 278种,占世界海洋生物品种的25%以上。其中极具捕捞价值的鱼类2 500种,头足类84种,虾类90种,蟹类685种。目前开发的药用海洋生物为700种。按空间区域讲,潮间带滩涂区域生物资源品种丰富,已普查鉴定的有1 500余种(软体动物500种,甲壳动物300余种,海藻350余种,其他350种);资源量较高,单位面积滩涂生物资源量为249.5 g/m^2。中国的水产资源海区分布情况:单位面积生物资源量最高的是南海,渤海次之,东海和黄海的生物资源量低于全国平均值。水深15 m以内为浅海,已确定的中国浅海鱼类有481种,其中资源量较大的带鱼、大(小)黄鱼等74种鱼类占浅海海域鱼类资源总量的90%;已发现的甲壳类与头足类有120余种,对虾、乌贼等经济种类有20种,在资源总量中也占主要地位,高峰月资源量达16.53万 t。

中国海域生物多样性较高,渔业资源品种繁多,但海洋渔业每年最佳可捕资源量仅为295万~356万 t,最大可捕资源量为728.6万 t,中国海洋渔业资源量并不丰富。中国四大海区的年平均渔获量仅为3.2万 t/km^2,属世界中下水平;而最大持续渔获密度,东海、黄海分别达2.30万和2.19万 $t/(hm^2 \cdot a)$,南海仅为1.35万 $t/(hm^2 \cdot a)$。渔业资源中生物种类的密度依次为:黄海11.84个/万 km^2,东海11.69个/万 km^2,南海3.78个/万 km^2。在生物种数上南海、东海、黄海分别为1 322,900和450种,渔场数量上三海区分别为39,14和12个。

水产资源本身的自然特点导致对其的测量与统计具有一定的难度,因此水产资源数量的变化并没有像耕地等农业资源一样及时得到更新。如2006年出版的《中国统计年鉴》上有关海洋水产资源及其利用方面的数据仍是20多年前(1985年)的评价数(表8.1)。不过近5年的海洋水产资源及其利用情况没有变化,由表8.1可知,中国海岸带面积为28万 km^2,滩涂面积为2.08万 km^2,大陆架渔场面积为28 000万 hm^2。其中海水可养殖面积260.01万 hm^2,已养殖面积109.49万 hm^2,海水养殖利用率42.11%;浅海滩涂可养殖面积242万 hm^2,已养殖面积 89.37 万 hm^2，浅海滩涂养殖利用率为 36.93%。但 2000—2005 年水产资源利用率与 1995 年相比，海水养殖利用率和浅海滩涂养殖利用率分别提高了 14.57 和 13.95 个百分点；与 1990 年相比，海水和浅海滩涂可养殖面积分别增加了 210.81 万和 108.67 万 hm^2，其养殖利用率分别提高了 8.98 和 12.54 个百分点；1985 年的相关资料不全，已知资料与 1990 年情况变化不大。

表 8.1　1985—2005 年中国海洋水产资源及其利用变化概况

指标	年份				
	1985	1990	1995	2000	2005
海岸带面积/万 km^2		35.00	28.00	28.00	28.00
滩涂面积/万 km^2		2.03	2.08	2.08	2.08
大陆架渔场面积/万 hm^2	28 000	28 080			28 000
海水可养殖面积/万 hm^2	49.20	49.20	260.01	260.01	260.01
海水已养殖面积/万 hm^2	16.27	16.30	71.60	109.49	109.49
海水养殖利用率/%	33.07	33.13	27.54	42.11	42.11
浅海滩涂可养殖面积/万 hm^2		133.33	242.00	242.00	242.00
浅海滩涂已养殖面积/万 hm^2		32.52	55.60	89.37	89.37
浅海滩涂养殖利用率/%		24.39	22.98	36.93	36.93

注：1. 资料来源：中华人民共和国国家统计局 1986,1991,1996,2001,2006。
　　2. 1985—2000 年统计表注：水利资源指标为以前清查数，有待进一步勘测；2005 年统计表注：水资源总量及其分组指标为当年数据，其他水利资源数据为 1985 年评价数。

从中国沿海海域及海区情况（表 8.2）来看，全国海域总面积为 47 270 万 hm^2，大陆架渔场面积 28 000 万 hm^2。海域与渔场主要分布于渤海、黄海、东海和南海四大海区。四大海区海域面积、大陆架渔场面积、生产平均深度与最大深度自北向南加大或加深。渤海属中国内海，整个海区就是渔场，其面积为 770 万 hm^2，分别仅占全部海域或渔场面积的 1.63% 和 2.75%，生产平均深度也仅为 18 m，是四个海域中较浅的海区，最大深度也只有 70 m；黄海海域面积为 3 800 万 hm^2，占全国海域总面积的 8.04%，大陆架渔场面积稍小，为 3 530 万 hm^2，但占全部渔场面积的比例却提高到 12.61%，生产平均深度为 44 m，最大深度达到了 140 m；东海海域面积是黄海的 2 倍以上，是渤海的 10 倍，面积为 7 700 万 hm^2，占全部海域面积的 16.29%，其中大陆架渔场面积为 5 490 万 hm^2，占全部渔场面积的比例为 19.61%，生产平均深度达到 370 m，最大深度有 2 719 m；南海是中国最大的领海，面积为 35 000万 hm^2，占全部海域面积的比例高达 74.04%，大陆架渔场面积也达到 18 210 万 hm^2，所占比例为 65.04%，生产的平均深度为 1 212 m，最大深度达 5 559 m。查阅相关统计资料得知，1990 年底中国海洋渔场总面积为 28 080 万 hm^2，渤海与南海的渔场面积分别为 830 万和 18 230 万 hm^2，与 1995—2005 年统计数据略有变化；统计资料中没有 1985 年全国海区海域及渔场面积的情况。

表 8.2　1995—2005 年中国海区海域及渔场面积

名称	海域总面积 /万 hm^2	各海区占海域总面积的百分比/%	大陆架渔场面积 /万 hm^2	大陆架渔场面积占渔场总面积的百分比/%	生产平均深度/m	最大深度/m
总计	47 270		28 000			
渤海	770	1.63	770	2.75	18	70
黄海	3 800	8.04	3 530	12.61	44	140
东海	7 700	16.29	5 490	19.61	370	2 719
南海	35 000	74.04	18 210	65.04	1 212	5 559

注：1. 资料来源：中华人民共和国国家统计局 1996，2000，2006；
　　2. 各项指标没有变化。

8.2.2　中国海洋水产资源发展变化

中国海区海域与大陆架渔场等水产资源的统计数据没有太大的变化，但水产资源的品种及种群数量由于水域环境与水体质量的影响而在减少。大黄鱼在 20 年以前是东海中最主要的经济鱼类，如今这种美味的海鲜在东海已基本绝迹。由此可以说明沿海大陆架渔场的水产资源种群呈下降或减少的发展趋势。不过 2001—2005 年间，从海洋到内陆各种渔业资源增殖放流活动全面展开，全国 5 年累计放流各种水产苗种 442 亿尾（粒），增殖品种达 20 个。2005 年放流水产苗种的数量较 2000 年增长了近 10 倍。"十五"期间，全国新建各级、各类水生野生动植物自然保护区80多个,面积130多万 hm²,扩大了濒危物种保护范围,放流中华鲟、大鲵等国家重点保护水生野生动物100多万尾(头),救护放生海洋大型鲸豚、海龟等濒危物种1万多头(尾)。上述的水产资源增殖与放流行动有助于沿海大陆架渔场海域水产资源种群的恢复与资源量的稳定增长。

此外,浅海、滩涂等海水养殖面积有逐年扩大趋势,这一方面是由于社会对水产品需求的增长要求生产规模扩大,而海洋捕捞水产品产量受水产资源生态增长量的限制不能持续增加,因此要满足新增水产品社会需求需要海水养殖业的不断发展;另一方面,随着水产资源科研理论发展及生产与加工技术等的不断进步,水产养殖的海域范围得以扩大,同时在可持续发展理论与科学发展观思想的指导下,中国政府调整了原来重捕捞、轻养殖的水产业发展思路,从产业发展政策上积极推动水产养殖业的发展。所以,中国的浅海、滩涂养殖规模不断扩大,可养殖面积也在不断增加(表8.3)。

表8.3 浅海、滩涂海湾可养殖面积变化情况　　　　单位:万 hm²

地区	1985	1990	1995	2000	2005	1996—2005年海水可养殖面积		
						浅海	滩涂	港湾
全国	49.2	133.333	260.011	260.011	260.011	162.256	79.700	18.055
北京			0.044	0.044	0.044		0.044	
天津		4.000	1.849	1.849	1.849	1.000	0.849	
河北		13.333	11.137	11.137	11.137	4.966	6.170	
辽宁		16.667	72.584	72.584	72.584	59.044	9.245	4.295
上海		2.000	0.322	0.322	0.322		0.322	
江苏		20.000	13.900	13.900	13.900	0.787	13.096	0.017
浙江		13.333	10.146	10.146	10.146	3.630	5.739	0.777
福建		17.333	18.494	18.494	18.494	7.739	10.076	0.679
山东		20.000	35.821	35.821	35.821	13.168	17.341	5.312
广东		18.667	83.567	83.567	83.567	66.400	12.000	5.167
广西		8.000	3.195	3.195	3.195	0.678	2.209	0.308
海南			8.952	8.952	8.952	4.843	2.609	1.500

注:1. 资料来源:中华人民共和国国家统计局1986,1991,1996,2001,2006;
　　2. 1990年没有海水养殖分类统计,1985年没有分省的情况。

从沿海各省(市、区)海水水产可养殖区域分布及发展趋势(表8.3)来看,由于海域具有多功能性作用,如一些省(市、区)开展的海港或油气田开发等项目,使得海水可养殖面积鲜有增加、有所减少或增加得不多。1990—2005年全国海水可养殖面积约翻了一番,由133.333万 hm^2 增加到260.011万 hm^2。其中可养殖面积增加的省(市)有广东、辽宁、山东、海南、福建、北京;广东、辽宁增加最多,分别增加64.90万和55.917万 hm^2,分别增长了3.48和3.35倍;山东和福建也各增加15.821万和1.161万 hm^2,分别增长了79.11%和6.70%;海南1987年建省,北京不直接靠海,因而1991年的《中国统计年鉴》没有统计海南省和北京市的海水养殖情况,1994年的《中国统计年鉴》发布的1993年底的数据,才包括了河南省和北京市的海水可养殖面积,分别为8.95万和440 hm^2,在此也将其归为增加省份;海水可养殖面积减少的有上海、广西、天津、江苏、浙江、河北,并且上海、广西、天津三省(市、区)海水可养殖面积的减幅在50%以上。

8.2.3　中国海洋水产资源变化趋势分析

随着国家水产业政策的调整,限制捕捞,发展养殖,积极发展远洋水产生产,这些措施在一定程度上明确了今后海洋捕捞与海水养殖的发展方向。预测2020和2030年中国沿海各海域渔场面积资源不会有大变化,但对资源开发程度会适当控制。随着近年来《中日渔业协定》、《中韩渔业协定》和《中越北部湾划界协定》的生效实施,中国海洋捕捞渔业受到了巨大冲击。协定的规定使得中国渔民的传统作业渔场面积大幅度缩减,中国渔民的捕捞空间被大幅度削减,从而导致渔业捕捞产量、渔民收入急剧下降(蒲朋 2001)。仅《中越北部湾划界协定》及《中越北部湾渔业合作协定》2004年6月30日正式生效实施后,海南省在北部湾的传统作业渔场面积缩减1/3以上,海南省在北部湾的海洋捕捞产量占全省海洋捕捞总产量的70%左右,海南省1 000多艘渔船退出北部湾渔场,沿北部湾及邻湾的1.2万名渔民上岸转产,海南省在北部湾的捕捞产量受到较大影响。而与此同时,国内捕捞资源仍在持续衰退,另外远洋捕捞渔业也受资金和技术等多方面的限制。

还需要指出的是，海水水产养殖可以在一定程度上减轻海洋捕捞对海洋水产资源过度利用造成的压力，但海洋环境会受到陆源和海上等污染的影响，会降低海水养殖产品的产量与品质，而且海水养殖自身不合理的养殖方式也会造成养殖水体水质恶化，进而影响到海水养殖业的良性循环与可持续发展。另外，中国水产品占有量多年居世界第一位，不过近年的近海水产养殖已经对沿海的海域环境产生了一些不利影响；同时中国还是世界最大的水产品出口大国，但水产出口产品中多是未加工或初加工的低值产品，有专家学者认为发展中国家（包括中国）牺牲自己的海域环境为发达国家提供水产品。因此未来科技的发展使得海水可养殖面积扩大成为了可能。然而从海域水产品生产的可持续发展和维护生态平衡角度考虑，则需要改变水产业增长方式，控制产量规模，调整产品品种结构，提高产品品质与商品价值，实现增效与增收。因此，2020 和 2030 年应在稳定现有海水养殖面积规模基础上，更加重视优质高产高效海洋水产资源的开发。

8.3 中国内陆水产资源发展变化趋势分析

中国江河湖泊众多，流域面积在 100 km² 以上的河流有 5 万余条，流域面积在 1 000 km² 以上的河流约 1 500 条；面积在 1 km² 以上的湖泊有 3 000 个左右，湖泊总面积达 7.2 万 km²，约占国土面积的 1.8%）。主要江河流域自北向南有松花江、辽河、海河、黄河、淮河、长江、珠江等，重要湖泊有洪泽湖、巢湖、太湖、鄱阳源、洞庭湖、滇池等。

8.3.1 中国内陆水产资源与开发利用

中国内陆水域面积 1 747 万 hm²，仅占中国国土总面积的 1.82%。而且中国内陆水域面积也只有部分可用于水产捕捞和养殖生产。由于水体的流动性、降水的季节性、海陆水循环的周期性，使得水域的面积处于不断地变化中，导致水域的水体总量、水域面积与变化等统计十分困难。通过查阅统计资料得知，即使是国家统计局公开出版的《中国统计年鉴》中有关内陆水域资源的数据资料也多是 20 世纪 80 年代前的清查数,其中明确注明有待进一步勘测,就是最新的 2008 年的数据除水资源总量与分组指标外,有关水域面积等的大部分水利资源数据标明的是 20 多年前的评价数,因此中国水产资源的重要组成部分——内陆水域资源的基本情况始终没有全面查清。

从统计资料中可以看出,随着科技的发展和水产业实力的增强,中国内陆水域可养殖面积及其利用率在 1985—2005 年的 20 年间还是有了较大的提高(表 8.4)。1985—2005 年的 20 年中,中国内陆水域面积由 1 664 万 hm^2 扩大到了 1 747 万 hm^2,可养殖水域比重由 30.23% 提高到 38.64%,增加了 8.41 个百分点;相应的可养殖水域的利用率也有一定提高,由 1985 年的 60.64% 上升到 69.19%,增长了 8.55 个百分点。不过因内陆水域的总面积与可养殖面积是 20 年前的评价数,所以其可开发利用率(可养殖面积比重)尚有待进一步勘测。值得思考的还包括 1985—1990 年间的内陆水域养殖情况没有变化,1995—2005 年 10 年间的内陆水域养殖开发利用情况也是毫无变化,此间随着水产科技发展与科研变化,国家对于渔业的发展方针与投入政策也有很大的改变,而内陆水域的养殖开发利用率 10 年不变,与中国水产品出口受加入世贸组织的影响及内陆水域生态环境变化等原因有关,也与国家提倡转变粗放的经济增长方式,由生产规模增长转变为更注重养殖的经济效益与生态效益兼顾的效益增长模式有关。

表 8.4　1985—2005 年内陆水域资源及养殖开发利用

指标	1985 年	1990 年	1995 年	2000 年	2005 年
内陆水域总面积/万 hm^2	1 664	1 664	1 747	1 747	1 747
可养殖面积占内陆水域比重/%	30.23	30.23	38.64	38.64	38.64
可养殖面积/万 hm^2	503	503	675	675	675
已养殖面积/万 hm^2	305	305	467	467	467
内陆水域养殖利用率/%	60.64	60.64	69.19	69.19	69.19

注:1. 资料来源:中华人民共和国国家统计局 1986,1991,1996,2001,2006。

2. 1985—2000 年统计表注:水利资源指标为以前清查数,有待进一步勘测;2005 年统计表注:水资源总量及其分组指标为当年数据,其他水利资源数据为 1985 年评价数。

内陆水域养殖开发利用主要包括池塘、湖泊、水库、河沟和其他等 5 种不同水域，各类型水域面积（表 8.5）分别为：池塘 192.2 万 hm^2、湖泊 752.4 万 hm^2、水库 230.2 万 hm^2、河沟 527.8 万 hm^2、其他 44.5 万 hm^2。内陆水域中开发利用率最高的是池塘，全部为可养殖水面，96.67%的池塘已进行着养殖开发；其次利用率较高的是水库，可养殖水面为 188.4 万 hm^2，占水库总水域面积的 81.84%，已养殖水面 151.6 万 hm^2，占可养殖水面面积的比重为 80.47%；而水域面积比重较大但可养殖水面比重小、养殖利用率稍低的是河沟与湖泊，可养殖水面比重分别为 14.51%和 28.59%，已养殖水面占可养殖水面面积的比重分别是 45.30%和 38.31%，尚可利用的水面则多达 54.7%和 61.69%；其他养殖中的工厂化养殖与非养殖水域中的网箱养殖面积数量不大，但利用率却高达 476.92%。

表 8.5 1995,2000 和 2005 年内陆不同类型水面养殖开发利用

水域	总水域面积/万 hm^2	#可养殖水面面积/万 hm^2	可养殖水面比重/%	#已养殖水面面积/万 hm^2	已养殖面积占可养殖面积比重/%	#尚可利用水面面积/hm^2	尚可利用水面占可养面积比重/%	尚可利用占总水域面积比重/%
总计	1 747.1	674.9	38.63	466.9	69.18	2 080	30.82	11.91
池塘	192.2	192.2	100.00	185.8	96.67	64	3.33	3.33
湖泊	752.4	215.1	28.59	82.4	38.31	1 327	61.69	17.64
水库	230.2	188.4	81.84	151.6	80.47	368	19.53	15.99
河沟	527.8	76.6	14.51	34.7	45.30	419	54.70	7.94
其他	44.5	2.6	5.84	12.4	476.92			

注：1. 资料来源：中华人民共和国国家统计局 1996,2001,2006；
2. 已养殖水面中其他养殖面积是指工厂化养殖和非养殖水面中的网箱养殖等面积；
3. 统计资料上 1990 和 1985 年没有分类型水域养殖开发利用情况。

8.3.2 中国内陆水产资源区域分布与发展变化

由于中国地处东亚，濒临太平洋，地势西北高、东南低，降水量随地势由东南沿海向西北内陆减少。受气候等因素影响，中国南方水产资

源丰富,江河湖泊水面多,流域广;而西北内陆地区水产资源量相对不如南方,江河湖泊水面少,流域小(见表8.6,8.7和8.8)。

表8.6 1985—2005年间主要河流基本情况

河流名称	1985—1990年			1995—2005年		
	流域面积/km^2	河长/km	年径流量/亿m^3	流域面积/km^2	河长/km	年径流量/亿m^3
长江	1 808 500	6 300	9 793	1 808 500	6 300	9 513
黄河	752 443	5 464	560	752 443	5 464	661
松花江	896 756	3 101	1 192	557 180	2 308	762
辽河	228 960	1 390	145	228 960	1 390	148
珠江	442 585	2 210	3 070	453 690	2 214	3 338
海河	264 647	1 090	284	263 631	1 090	228
淮河	269 150	1 000	530	269 283	1 000	622

注:1. 资料来源:中华人民共和国国家统计局1986,1991,1996,2001,2006。

2.1985—2000年统计表注:水资源指标为以前清查数,有待进一步勘测;2005年统计表注:水资源总量及其分组指标为当年数据,其他水利资源数据为1985年评价数。

由表8.6可见,中国河长在1 000 km以上的主要河流有长江、黄河、松花江、辽河、珠江、海河、淮河等7条,年径流量大、流域面积广的长江、珠江都位于南方地区;而年径流量小的黄河、松花江、辽河、海河、淮河等主要分布在北方。其中,长江是中国第一大河,据1995—2005年的调查结果长江流域面积为180.85万km^2,河长6 300 km,年径流量9 513亿m^3,三项指标均列全国江河之首,不过比1985—1990年的年径流量9 793亿m^{3}下降了280亿m^3;黄河是中国的第二大河,其流域面积752 443 km^2,河长5 464 km,均居中国第二,但其年径流量仅居中国第四,1995—2005年年径流量增为661亿m^3,比1985—1990年的560亿m^{3}增加了101亿m^3;松花江是中国第三大河,流域面积、河长与年径流量均列为全国第三,据1995—2005年调查结果,分别为557 180 km^2,2 308 km和762亿m^3,也许是重新评价与勘测结果造成的差异,相比1985—1990年的三项指标有较大幅度下降;根据1985—1990年的调查结果,珠江流域面积为442 585 km^2,河长2 210 km,排第四位,但其年径流量居全国第二位,1985—1990年年径流量达3 070亿 m³,而且 1995—2005 年流域面积、河长及年径流量都略有增长。

表 8.7 1985—2005 年中国河流流域面积

流域名称	1985—1990 年		1995—2005 年	
	流域面积/km²	占合计百分比/%	流域面积/km²	占合计百分比/%
河流流域合计	9 559 370	100.00	9 559 370	100.00
外流河	6 114 728	63.97	6 114 728	63.97
黑龙江及绥芬河	875 342	9.16	875 342	9.16
辽河、鸭绿江及沿海诸河	345 207	3.61	345 207	3.61
海滦河	319 029	3.34	318 161	3.33
黄河	752 443	7.87	752 443	7.87
淮河及山东沿海诸河	327 443	3.43	329 211	3.44
长江	1 808 500	18.92	1 808 500	18.92
浙闽台诸河	241 155	2.52	239 803	2.51
珠江及沿海诸河	578 141	6.05	580 640	6.07
元江及澜沧江	240 194	2.51	240 652	2.52
怒江及滇西诸河	154 756	1.62	157 156	1.64
雅鲁藏布江及藏南诸河	369 588	3.87	396 258	4.15
藏西诸河	52 930	0.55	57 340	0.60
额尔齐斯河	50 000	0.52	50 000	0.52
内陆河	3 444 642	36.03	3 408 659	35.66
内蒙古内陆河	309 923	3.24	300 067	3.14
河西内陆河	517 822	5.42	488 301	5.11
准噶尔内陆河	322 316	3.37	316 530	3.31
中亚细亚内陆河	79 516	0.83	93 130	0.97
塔里木内陆河	1 121 636	11.73	1 074 810	11.24
青海内陆河	301 587	3.15	316 285	3.31
羌塘内陆河	701 489	7.34	721 182	7.54
松花江、黄河、藏南闭流区	90 353	0.95	90 353	0.95

注:1. 资料来源:中华人民共和国国家统计局 1986,1991,1996,2001,2006。

2. 1985—2000 年统计表注:水利资源指标为以前清查数,有待进一步勘测;2005 年统计表注:水资源总量及其分组指标为当年数据,其他水利资源数据为 1985 年评价数。

此外,辽河、海河、淮河也是中国河长超过 1 000 km、流域面积在 20 万 km² 以上的大河,1995—2005 年的淮河多年平均年径流量列中国七大江河的第五位,达到了 622 亿 m³;海河、辽河地处降水量少的北方,年径流量分别仅有 228 亿和 148 亿 m³。鱼儿离不开水,水就是水中生物的土壤,水域面积在一定程度上影响与决定了水产资源的变化和水产资源生产能力的提高与发展。

由表 8.7 可以看出,中国江河以外流河为主,外流河流域占河流流域总面积的 63.97%,内流河流域占河流流域总面积的 36% 左右。外流江河因流程长、流域范围广,因而其流域的水循环与水生物系统复杂,水产资源相对丰富,入海外流河水产资源开发及保护与海洋水产资源有关,外流界河则与邻国水产资源有共同开发与保护方面的问题;而内流江河的流程一般较短、流域范围较小,因而其水循环与水生物系统相对简单,水产资源数量与种类较少,水生态系统比较脆弱,水产资源的品种保护更重于开发。

湖泊是水产资源的重要组成部分,因其水体具有相对的稳定性,从而孕育了丰富的水生物,是水产资源富集的区域,湖泊的区域分布很大程度上影响着内陆水产资源的区域分布。由表 8.8 可知,中国湖泊主要集中在青藏高原和东部平原,其水域面积在 2 万~4 万 km²,分别占到全国湖泊面积的 48.35% 和 30.99%;其次是蒙新高原、东北平原和云贵高原,其水域面积在 1 000~9 000 km² 之间。湖水贮量则是青藏高原一枝独秀,达到 5 460 亿 m³,占到全国湖水贮量的 72.7%,其他四区的湖水贮量在 200 亿~800 亿 m³ 左右。若从淡水贮量来看,青藏高原和东部平原分别为 880 亿和 820 亿 m³,分别占到湖泊淡水总贮量的 40.9% 和 38.1%;云贵高原和东北平原湖泊淡水贮量分别为 240 亿和 160 亿 m³,占到湖泊淡水总贮量的 11.2% 和 7.4%;蒙新高原淡水贮量仅有 20 亿 m³,只占到湖泊淡水总贮量的 0.9%。同时也可观察到内陆的咸水贮量集中于青藏高原与蒙新高原。由于气候干旱变化趋势与利用不合理等原因,造成许多湖泊面积萎缩,据水利部 2002 年完成的《中国水功能区划》(试行)提供的数据,1985 年与 1977 年相比,全国湖泊面积减少了 11%,一些干旱年份黄河等江河下游多次出现断流现象。另外,我们从报刊及其他媒体了解到中国的几大湖泊因围湖造田、气候干旱等导致出现湖泊水面缩小、湖水水量下降等现象,但官方统计资料上的湖泊指标数据却 20 年没变,由此反映出中国对水域资源家底没有摸清,对于水产资源相关方面研究少,今后应加强这方面的管理与研究。

表 8.8 1985—2005 年湖泊面积

湖 区	湖水面积 /km²	湖水贮量 /亿 m³	淡水贮量 /亿 m³	占湖泊淡水总贮量的百分比 /%
总　　计	75 610	7 510	2 150	100.0
青藏高原	36 560	5 460	880	40.9
东部平原	23 430	820	820	38.1
蒙新高原	8 670	760	20	0.9
东北平原	4 340	200	160	7.4
云贵高原	1 100	240	240	11.2
其　　他	1 510	30	30	1.4

注:1. 资料来源:中华人民共和国国家统计局 1986,1991,1996,2001,2006。

2. 1985—2000 年统计表注:水利资源指标为以前清查数,有待进一步勘测;2005 年统计表注:水资源总量及其分组指标为当年数据,其他水利资源数据为 1985 年评价数。

8.3.3 中国内陆水产资源变化趋势分析

水域资源是水产资源的重要组成,是水产资源生产能力构成的基础。由于水域资源的多功能性,加之中国水资源短缺,全国内陆水域中仅有一部分可以用于水产生产。水利部 2002 年完成的《中国水功能区划》(试行),按照全国水功能区划技术体系的统一要求,选择 1 407 条河流、248 个湖泊水库进行区划,共划分保护区、缓冲区、开发利用区、保留区等水功能一级区 3 122 个,区划总计河长 209 881.7 km。在水功能一级区划的基础上,根据二级区划分类与指标体系,在开发利用区进一步划分饮用水源、工业用水区、农业用水区、渔业用水区、景观娱乐用水区、过渡区和排污控制区共七类水功能二级区。在全国 1 333 个开发利用区中,共划分水功能二级区 2 813 个,河流总长度 74 113.4 km,并且对重点开发利用水域详细划分多种用途的水域界限。本次水功能区划采用两级体系,一级区划从宏观上解决水资源开发利用与保护的问题,主要协调地区之间的用水关系,长远考虑可持续发展的需要;二

第8章 中国水产资源变化趋势分析

级区划主要协调用水部门之间的关系。其中二级功能区的渔业用水区是指具有鱼、虾、蟹、贝类产卵场、索饵场、越冬场及洄游通道功能的水域,养殖鱼、虾、蟹、贝、藻类等水生动植物的水域。

由表 8.9 可见,在水利部完成的《中国水功能区划》(试行)的七类二级区划中,二级区划个数总计为 2 542 个,二级个数在 300 个以上的流域或河段有长江中下游、珠江和黄河,200~300 个之间的流域或河段有辽河、松花江、长江上游,100~200 个之间的流域或河段有淮河、海河、东南诸河、太湖,100 个以下的流域或河段有内陆河和西南诸河。各江河流域渔业用水区划个数仅有 69 个,其占二级区个数的比重不足

表 8.9 水功能区划渔业用水区情况

河系分区	二级区划/个	渔业水区/个	渔区个数所占比例/%	二级区划长度/km	渔业水区长度/km	渔区长度所占比例/%	湖库/个	湖库面积/km²
松花江	205	4	1.95	10 334.0	207.3	2.01	0	0.0
辽河	256	9	3.52	8 925.4	355.0	3.98	0	0.0
海河	188	2	1.06	9 319.6	54.6	0.59	9	239.6
黄河	349	8	2.29	13 426.5	522.3	3.89	1	8.2
淮河	194	8	4.12	5 952.2	320.3	5.38	0	0.0
长江上游	204	5	2.45	1 802.3	85.1	4.72	5	294.3
长江中下游	382	7	1.83	3 462.3	64.9	1.87	3	1 389.0
太湖	142	4	2.82	2 053.5	38.6	1.88	7	631.0
珠江	368	14	3.80	7 726.9	245.5	3.18	4	154.3
东南诸河	156	8	5.13	2 581.0	242.9	9.41	0	0.0
西南诸河	25	0	0.00	351.4	0.0	0.00	0	0.0
内陆河	73	0	0.00	4 829.9	0.0	0.00	8	1 778.0
总计	2 542	69	2.71	70 765.2	2 136.5	3.02	37	4 494.7

注:原始数据源于水利部 2002 年编制完成的《中国水功能区划》专家论证稿。

5%;渔业用水区域江河长度只有 2 000 多 km,其占二级区划江河长度的比重为 3.02%。二级区划涉及的湖泊、水库有 37 个,其水面面积达 4 400 多 km²。由此可以看出,渔业用水只占内陆水功能区划的极小部分。中国沿海由于捕捞过度,海水水体生产能力已出现下降,渔业资源已发出遭受破坏的警告信号,所以在 21 世纪初,中国政府已采取措施,严禁过度捕捞,培养近海水体生产能力,保护渔业资源,以利于持续发

展。这样,渔业的发展只能依靠内陆的淡水养殖业和沿海大陆架的海水养殖业。目前,水产养殖业的最大困扰和威胁是水污染,所以今后水产业发展的关键在于江河湖海的水污染治理。

自 2001 年起,中国开始编写、公布渔业生态环境公报,同时继续实施伏季休渔制度,积极筹备长江春季禁渔联合行动,加大渔业资源增殖放流力度,并组织实施人工鱼礁建设,打击非法捕捞活动。2002 年度公报显示,中国渔业生态环境总体状况保持良好,但局部渔业水域污染严重,主要受到营养盐类、有机物、石油类和重金属等污染物的影响。其中近岸海域鱼、虾类产卵场、索饵场及自然保护区的无机氮、活性磷酸盐、化学需氧量及重金属铜超标,超标范围与 2001 年相比有所减少,受污染情况略有好转。石油类的超标范围有所增加,但增幅不大。从区域分布来看,东海区近岸海域污染较严重,黄渤海区其次,南海区较轻。不过江河鱼类产卵场、索饵场、洄游通道及自然保护区的环境质量劣于 2001 年,总磷、石油类、重金属铜的超标范围有所增加,长江、珠江、黑龙江和黄河四大流域中渔业水域中铜超标现象较为普遍。湖泊鱼类产卵场、索饵场的环境质量未有明显改善,总氮、总磷超标现象较为普遍,部分湖泊重金属铜、锌及挥发性酚超标。统计数据表明,2002 年全国共发生渔业污染事故 1 255 起,直接经济损失约 3.88 亿元;环境污染造成可测算天然渔业资源经济损失 36.2 亿元,其中内陆水域天然渔业资源经济损失为 8.7 亿元,海洋天然渔业资源经济损失为 27.5 亿元。2004 年 12 月 22 日水利部部长汪恕诚在全国水利厅局长会议上表示,目前全国 70% 以上的河流湖泊遭受不同程度的污染,水污染不仅加剧了水资源的短缺,并且水质的恶化严重威胁着人民群众的身心健康。目前全国有 3 亿多人饮水不安全,其中有 1.9 亿人饮用水中有害物质含量超标。水质恶化同样影响水产品品质及其食用安全,进而也会影响水产资源质量及其开发利用,以及水产业的进一步发展。

第9章 2020和2030年水产资源综合生产能力预测

根据 FAO 的预测,2030 年中国水产品产量将达到 7 611.5 万 t,较 2005 年的产量还有 49.02% 的增长空间。生产能力安全要使可能由自然风险、外贸风险等方面引发的供给不足情况处于可以接受的幅度内。因此,生产能力在正常的年度生产量的基础上要有一定的冗余,即生产能力储备。水产资源生产能力是指在相应的经济水平条件下,水产资源能够持续开发的水产品能力。

9.1 水产品产量变化的基本特征

从中国 1954—2005 年水产品产量变化趋势图(图 9.1)可以清楚地看到,中国水产品产量,无论是总产量,还是分项产量,在 1985 年之前基本上是缓慢增长,有近 1/4 以上的年份减产。其中 1954—1984 年的 31 年间总产减产的年份为 8 个,海洋捕捞减产的年份为 9 个,海水养殖减产的年份为 7 个,内陆捕捞减产的年份为 15 个,内陆养殖减产的年份为 7 个。1984 年与 1954 年相比,总产量增长了 1.76 倍,年均增长率为 5.87%。从变化趋势看,1985 年之前中国水产业的发展一直处于低水平徘徊阶段。而从 1985 年开始,无论是总产量还是分项产量,增幅显著,而且处于稳定增长阶段。2005 年与 1985 年相比,水产品总产量增加了 5.36 倍,年均增长率为 26.81%。因此为了准确预测中国水产业的中长期发展,我们采用 1985—2005 年的数据作为预测依据,主要通过近期中国水产品产量的变化规律,来预测中长期(2020 和 2030 年)的产量情况。

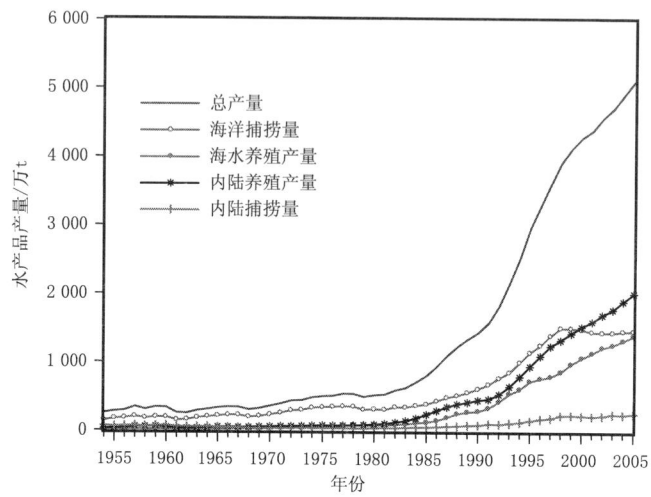

图 9.1 中国 1954—2005 年水产品产量变化趋势图

9.2 预测模型

根据对中国水产品产量年增长率变化趋势的观察(图 9.2),发现无论是总产量,还是海洋捕捞、海水养殖、内陆捕捞或者内陆养殖,其 1985—2005 年间的年增长率基本都处于下降趋势。但其中海水养殖和内陆捕捞的变化起伏很大,据相关资料分析,这两项水产品产量的异常变化与内陆天然水体环境变化、海水养殖密度过大、近海海域污染等导致养殖水生物疫病的高发病率有很大关系。从增长率的变化趋势初步判断,中国水产品生产的变化规律为"产量稳定增长,但增长率放缓"。因此根据统计数据的变化特征,本书用指数趋势模型的组合形式来模拟产量的变化。公式如下:

$$\hat{Y}_t = a \times e^{f(t)}$$
$$f(t) = b_0 + b_1 t + b_2 t^2 + \cdots + b_k t^k$$

式中 Y_t 为产量,t 为时间变量($t = T - 1985$,T 为年份值)。

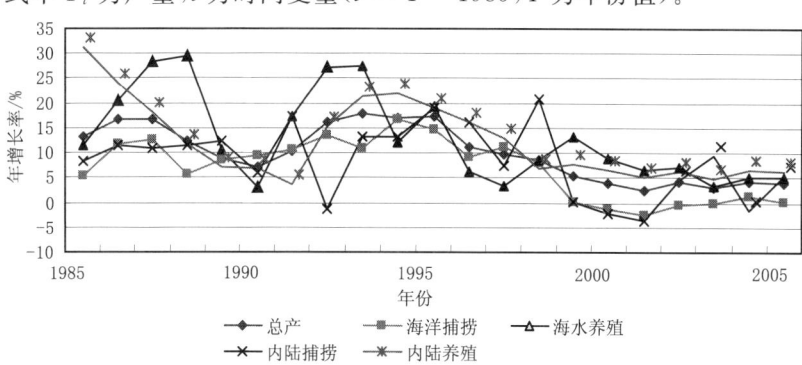

图 9.2　1985—2005 年中国水产品产量年增长率的变化

为了参数估计的方便,先对上述指数形式进行适当变化,两边取自然对数,得到

$$\ln \hat{Y}_t = \ln a + f(t) = \ln a + b_0 + b_1 t + b_2 t^2 + \cdots + b_k t^k$$

本书利用 Eviews 5.1 对模型进行最佳线性无偏估计,其中对水产品总产量、海洋捕捞产量、海水养殖产量、内陆捕捞产量和内陆养殖产量进行单独估计,并且采取动态预测过程。在估计过程中发现,5 个估计方程都在 t 为二次方时各项参数和预测效果达到最优,但估计过程几乎都存在 2 阶自相关,本书采用保留叠代法消除自相关现象。具体的估计结果如下。

9.2.1　水产品总产量的估计方程

$$\ln(\hat{TY}) = 5.849\ 1 + 0.180\ 9\ t - 0.002\ 8\ t^2 + 1.592\ 7\ AR(1)$$
$$- 0.824\ 9\ AR(2)$$
$$(\overline{R}^2 = 0.998, D.W = 1.63)$$

由于水产品总产量的预测方程在近期预测中误差较大,与真实值呈继续偏离的趋势(如图 9.3),因此采取分项估计产量再合计总产估计量的方法,以避开直接估计总产带来的较大误差。

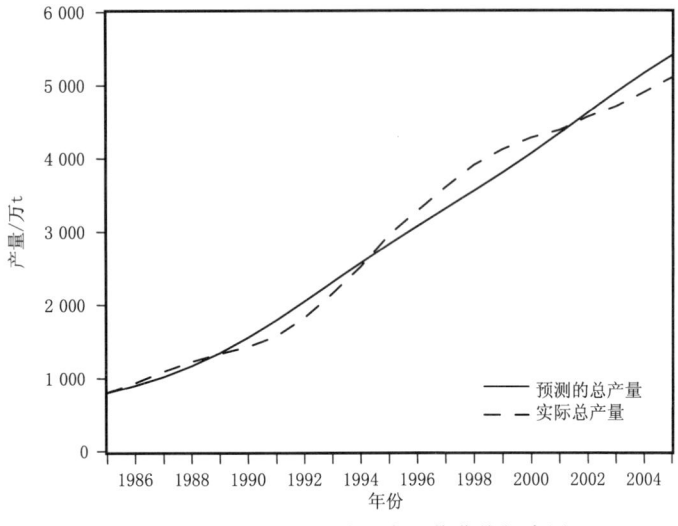

图 9.3　总产量预测曲线和实际值曲线拟合图

9.2.2　海洋捕捞量的估计方程

$$\ln(\hat{OC}) = 4.8537 + 0.2126\,t - 0.0045\,t^2 + 1.3978\,AR(1) - 0.5789\,AR(2)$$

$$(\overline{R}^2 = 0.997, \text{D.W} = 2.09)$$

根据海洋捕捞量的估计方程,中国海洋捕捞量在 2005 年以后基本处于下降阶段(如图 9.4)。目前水产资源的严重衰退与前几年捕捞强度的盲目增长形成了中国海洋渔业长期面临的一个尖锐矛盾。从 1999 年起中国海洋捕捞计划实行"零增长",即海洋捕捞计划产量最多保持在 1998 年的水平,不再增加。基于这种政策背景和水产资源现实,在估计 2020 和 2030 年的水产品产量时,我们采取 1999—2005 年近 7 年的平均产量 1 455.12 万 t 作为基础变量,以近 7 年的年均减产率 0.44% 为基础变化率,采取近似计算公式 $1\,455.12\times(1-0.004\,4)^t$ 来预测 2020 年的海洋捕捞量的变化,其中 t 为预测年份与 2005 年的间隔年数。预测 2020 年的海洋捕捞量大约为 1 362.85 万 t。但随着海洋水产资源增殖放流与休渔等一系列政策的实施、海洋水产资源生物种群数量的缓慢增加及远洋渔业的开展和远洋水产资源的开发利用,到2030年海洋捕捞量有望稳步回升,因此预测2030年捕捞产量为1 404.61万t。

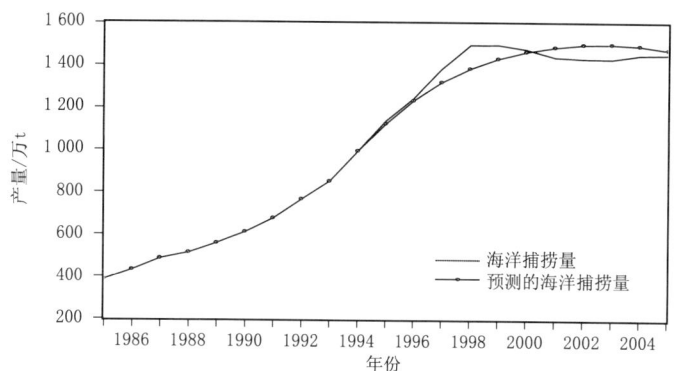

图9.4 海洋捕捞量预测曲线和实际值曲线拟合图

9.2.3 海水养殖产量的估计方程

$$\ln(\widehat{OB}) = 3.717\,7 + 0.249\,6\,t - 0.004\,4\,t^2 + 0.780\,7\,AR(1) - 0.631\,5\,AR(2)$$

$$(\overline{R}^2 = 0.997,\text{D.W}=1.86)$$

根据海水养殖产量的估计方程,中国海水养殖产量将在2009年达到最高产量1 460.27万t(如图9.5)。由于估计方程中t^2的系数为负,按照曲线的变化规律,产量在达到顶点之后将步入下降阶段。但事实上,随着居民收入的增长,对水产品的消费会越来越大,而且水产养殖在达到最高规模后,应该是一个长时间的稳产过程,同时加上水产养殖技术的改进和市场需求的刺激,因此估计2020年的海水养殖产量应该不会低于1 460万t,以2010年的1 448.76万t作为基础产量,以临近估计预测峰值的2006—2010年这四年的年均增长率0.52%作为基础增长率,按照$1\,448.76 \times (1+0.005\,2)^t$保守估计,其中$t$为预测年份与2010年的间隔年数,预计2020年海水养殖产量约为1 525.17万t,到2030年,由于中国将达到人口高峰,消费基数进一步扩大,按照前面

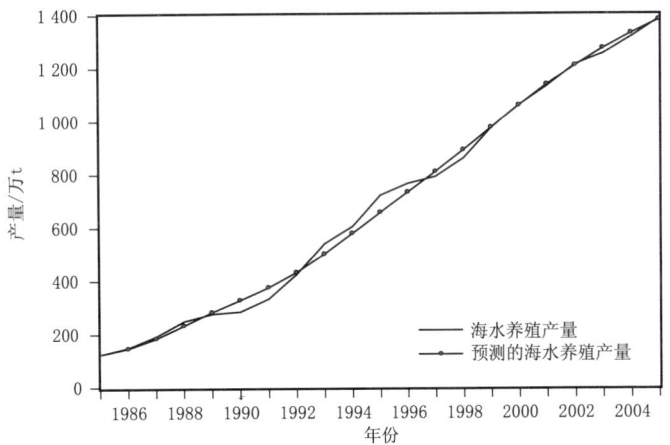

图 9.5　海洋养殖产量预测曲线和实际值曲线拟合图

的保守估计,海水养殖产量应该将达到 1 605.61 万 t 左右。

9.2.4　内陆捕捞量的估计方程

$$\ln(\hat{FC}) = 2.699\ 9 + 0.215\ 2\ t - 0.004\ 1\ t^2 + 0.703\ 0\ AR(1)$$
$$(\overline{R}^2 = 0.988, \text{D.W} = 1.88)$$

根据内陆捕捞量的估计方程,中国内陆捕捞量预计在 2008 年左右达到最高值,约为 255.8 万 t(如图 9.6)。由于估计方程中 t^2 的系数为负,按照曲线的变化规律,产量在达到顶点之后将步入下降阶段。事实上中国内陆捕捞量从 1954 年以来相对于其他来源的水产品产量来说,就一直增长最慢、产量最低且波动最频繁。此外,由于内陆捕捞业与海洋捕捞业面临着同样严峻的资源环境压力,因此采取与海洋捕捞量相似的估计办法,以 255.8 万 t 的最高产量作为基础变量,以临近预测峰值的 2005—2010 年的年均减产率 0.82% 作为基础变化率,采取近似计算公式 $255.8 \times (1 - 0.012\ 3)^t$ 来预测内陆捕捞量的变化,其中 t 为预测年份与 2008 年的间隔年数,预计 2020 年的内陆捕捞量大约为 231.84 万 t;同样随着内陆退田还湖、湿地保护等一系列水产资源保护政策与措施的实施,内陆水产资源捕捞形势也会逐步好转,预计到

2030 年内陆捕捞量将达到 259.13 万 t。

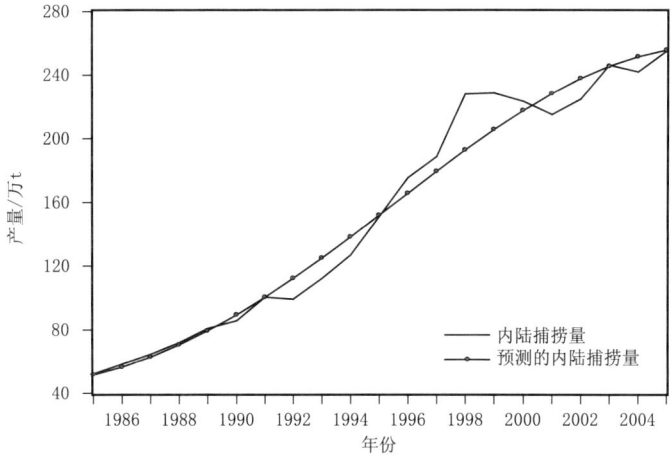

图 9.6　内陆捕捞量预测曲线和实际值曲线拟合图

9.2.5　内陆养殖产量的估计方程

$$\ln(\hat{FB}) = 4.5136 + 0.1920\,t - 0.0027\,t^2 + 1.5108\,AR(1) - 0.8664\,AR(2)$$

$$(\overline{R}^2 = 0.999, \text{D.W} = 2.41)$$

根据上述方程的估计,中国内陆养殖产量预计在 2017 年左右达到最高值,约为 2 975.34 万 t(如图 9.7)。此后产量进入稳产调整期,预计 2020 年的内陆养殖产量大约为 2 834.34 万 t,2030 年为 2 876.12 万 t 左右。

9.2.6　水产资源综合生产能力分析预测

合计以上各项估计值,预计到 2020 年中国水产品总产量为 5 954.20 万 t 左右,2030 年水产品总产量为 6 145.47 万 t 左右。考虑技术、政策、资源和自然风险等变化因素或不可控因素,按照总产量 5% 的风险波动水平,2020 年中国的水产资源生产能力低值为 5 805.35 万 t,高值为 6 103.06 万 t;2030 年的水产资源生产能力低值

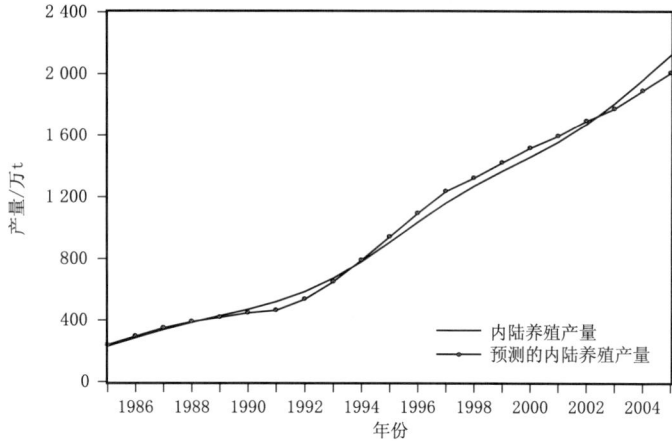

图 9.7 内陆养殖产量预测曲线与实际值曲线拟合图

为 5 838.47 万 t,高值为 6 452.47 万 t 左右。

第 10 章 中国水产资源中长期综合生产能力安全阈值

随着人口的增加和耕地的减少,世界范围内粮食供应紧张的状况将长期存在。而随着人民生活水平的不断提高,对动物蛋白质提出了更高的要求。通常增加动物蛋白质需要粮食转化,而水产品生产的特点是不消耗或少消耗粮食。捕捞业直接利用天然水产资源,水产养殖业与其他畜禽饲养业相比,饲料转化率高,同样的产出对粮食的消耗少。不仅如此,渔业生产占用的是非耕地宜渔资源,对粮食安全有着显而易见的重要价值。中国是一个人口大国,目前内地人口已突破 13 亿,人均陆地面积只有 0.007 km^2,仅为世界平均人均陆地面积的 25%,耕地面积仅占世界耕地总量的 7%。尽管中国人口的增长已得到了有效控制,但预计到 2030 年仍可达到 14.5 亿左右。显然,只依靠耕地等陆地资源不能全部解决中国人的食物安全问题,解决中国人的"吃饭"问题已成为 21 世纪中国将要面临的一个重大课题。而且,随着中国城市化率的不断提高,城镇人口将会超过农村人口。面对当前中国人多地少矛盾日趋突出的国情,有针对性地大力发展高效水产业,是实现中国粮食安全的重要资源保障之一。水产品营养丰富,富含蛋白质、不饱和脂肪酸、多糖、维生素及矿物质等人体必需的营养元素。另外,水产养殖是一种劳动密集型产业,能有效地扩大就业机会、缓解就业压力。与畜禽业相比,水产动物在水中的自耗少,对饲料的转化率高。因此,合理开发利用水产资源,实现水产业的可持续发展,可以有效地利用中国的有限资源,提高中国粮食安全的资源保障程度。

10.1 中国水产品消费需求趋势分析

1995年中国人均水产品占有量为20.5 kg,达到世界平均水平,1999年中国人均占有量已达32.7 kg,超过世界人均占有水平的1倍。中国水产品供给能力不断增强,大大提高了城乡居民消费水平。但相当数量的水产品用于出口,或被集中消费、集团消费,家庭消费人均食用量尚不足14 kg,远远落后于发达国家。目前,中国水产品虽然已出口到数十个国家和地区,不过85%以上的产品仍集中销往日本、韩国、美国和中国香港,出口的数量和品种受到严重限制。因此,全方位地开拓国际市场显得非常必要。相对于水产消费大国而言,中国的人均水产品消费量还十分有限,如日本1986年的人均消费量就已达92 kg。随着中国居民收入水平的不断提高,水产品在食品消费中的地位总体上逐步上升。2004年中国城镇居民家中购买的食品中水产品大约占到9%,较2000年提高了近1%。2000—2004年,中国城镇居民家中购买的人均水产品数量和人均消费量年均增长约为8%,同期农村居民人均消费的水产品数量年均增长约为5%。人们对水产品的消费需求越来越高。

2004年中国水产品总量比1978年增长了10余倍,占全球水产品总量的35%左右,其中中国的养殖水产品产量占全球水产品养殖总产量的73%左右,1990—2009年连续位居世界首位,是全球养殖大国。据美国国际食品政策研究会和世界渔业中心2003年发表的《2020年世界渔业展望》称,至2020年世界水产品消费量将达到12 780万t,比1997年的9 080万t要增加3 700万t,增长40%以上。这种增长主要是来自发展中国家的需求,发展中国家的消费量将从6 270万t增长到9 860万t,增幅高达57%。从国内情况来看,国家公布的《2010年食物发展纲要》中指出,至2010年全国水产品人均占有量还要增加10 kg。因此无论从全球而言还是从国内形势来看,未来10年到20年内,中国水产业仍将具有很大的发展空间,其发展前景非常广阔。

从短期和中期来看,由于人口和收入的增长,居民对水产品的需求将扩大。然而,这种增长在发达国家将相对缓慢,可能低于每年 1%(按鱼的重量计),原因是发达国家人口停滞或仅以非常缓慢的速度增长,人均消费水平已经相对较高,消费不会因可支配收入的增加而有大的增长。在发展中国家,由于人口增长较快及一些国家的人均消费水平很低,增长将更快,如以重量计可以预测发展速度是发达国家的 2 或 3 倍。据统计,2001 年中国居民城镇人均年消费水产品为 12.3 kg,2005 年约为 16 kg 左右,而农村人口年均消费水产品仅为城镇居民的 1/3。未来 15 年内,中国的农村和农业将步入一个新的快速发展轨道,农村人均收入和消费水平将有较大幅度的提高,水产品的消费也将相应地增长。

2007 年中国渔业研究咨询报告中分析,随着中国经济的发展和居民生活水平的提高,水产品的消费结构也将趋于优质化和多样化。垂钓和观赏渔业将成为城镇居民休闲娱乐的重要方式,农村市场的开拓也将拉动常规水产品消费市场。据预测,2001—2010 年中国水产品总需求量将以每年 2.3%的速度增长,全球人均水产品消费量也将由 16 kg 增加到 2030 年的 19~21 kg。

经过前面对中国水产品消费变化趋势的系统分析,结合中国居民食物消费特点与变化规律,以 2004 年中国人均及全国水产品消费量为基础,做出如下预测,到 2020 年中国水产品消费量将达到 2 300 万 t,2030 年全国水产品消费量会继续增长到 3 200 万 t 左右(见表 10.1)。

表 10.1　2020 和 2030 年中国人均与全国水产品消费量预测值

	2004 年			2020 年			2030 年		
	城镇	农村	全国合计	城镇	农村	全国合计	城镇	农村	全国合计
人均/kg	14.9	4.5	8.9	24	7.6	16.4	30	9.5	21.9
总量/万 t	810	310	1 120	1 800	500	2 300	2 600	500	3 200

由表 10.1 看到,2004 年中国水产品消费总量为 1 120 万 t,其中城镇居民消费总量为 810 万 t,农村消费总量是 310 万 t;2004 年中国人均水产品消费量为 8.9 kg,城镇居民的人均消费量为 14.9 kg,农村人均消费量只有 4.5 kg。从未来水产品消费预测来看,2020 和 2030 年

中国水产品消费总量分别约增长到 2 300 万 t(城镇 1 800 万 t、农村 500 万 t)和 3 200 万 t(城镇 2 600 万 t、农村 500 万 t);2020 和 2030 年中国人均水产品消费量分别增加到 16.4 kg(城镇 24 kg、农村 7.6 kg)和 21.9 kg(城镇 30 kg、农村 9.5 kg)。考虑到中国水产资源开发政策、水产资源保护需要及国际水产品市场供求形势,对全国与人均水产品消费量预测值略微调低了些。

将 2020 和 2030 年中国水产品消费量乘以各省的权重值得到了分省水产品消费量预测值(见表 10.2)。其中,各省权重值为 1990—2004 年各省平均水产品消费量占全国该种水产品消费总量的比重。由此看到,沿海与长江流域省份水产品消费量较多,2020 年水产品消费量在 100 万 t 以上的省(市)有 9 个,包括广东 351 万 t、江苏 248 万 t、浙江 214 万 t、山东 141 万 t、福建 133 万 t、湖北 132 万 t、湖南 123 万 t、上海 108 万 t、安徽 107 万 t;2030 年水产品消费量在 100 万 t 以上的省(市)有 10 个,包括广东 488 万 t、江苏 345 万 t、浙江 297 万 t、山东 196 万 t、福建 185 万 t、湖北 184 万 t、湖南 171 万 t、上海 150 万 t、安徽 148 万 t、辽宁 135 万 t;2020 和 2030 年水产品消费量在 10 万 t 以下的省(区)有 4 个,为西藏、青海、宁夏、甘肃 4 个省(区);2020 和 2030 年水产品消费量在 10 万~20 万 t 左右的省(区)有贵州、新疆和山西 3 个。

表 10.2　2020 和 2030 年各省(市、区)水产品总消费量预测值　单位:万 t

预测期	全国	北京	天津	河北	山西	内蒙古	辽宁	吉林	黑龙江	上海	江苏
2020	2 300	35	32	57	10	18	97	46	64	108	248
2030	3 200	49	45	79	14	26	135	65	88	150	345

预测期	浙江	安徽	福建	江西	山东	河南	湖北	湖南	广东	广西	海南
2020	214	107	133	70	141	40	132	123	351	64	41
2030	297	148	185	97	196	56	184	171	488	89	57

预测期	重庆	四川	贵州	云南	西藏	陕西	甘肃	青海	宁夏	新疆
2020	30	43	9	22	1	10	6	3	3	10
2030	41	60	13	31	1	14	9	4	4	18

未来中国水产品消费需求的主要区域集中于东部沿海与长江流域,当地水产品产量多、购买力强,水产品消费量也比较多;而西部省(市、区)由于水产资源稀少,或是经济欠发达、水产品产量少、购买力低等原因,造成水产品消费量不高。

10.2 保障水产品安全需求的水产资源综合生产能力安全阈值

水产品安全需求是指满足一定时期社会经济发展目标对水产品的基本需求,其中包括进出口贸易对水产品供应的需求。中国农产品占外贸出口的比重已逐步下降到不足5%,但水产品出口仍然具有重要的地位。阈值顾名思义就是临界值,每一种资源模型均可定义一个或多个阈值,可以在定制阶段修改它。通常,为阈值指定的值代表与资源开发利用有关的一个重要参考标准,如果超过或未达到该值,管理人员可能需要了解其情况。然而有些阈值用做参考值,以限制资源模型的作用域。基于中国水产资源基础状况,确定未来水产品安全需求目标的水产资源安全阈值要考虑以下两方面的问题。

10.2.1 水产资源数量安全阈值分析

水产资源生态系统包括海洋区域水产资源生态系统和内陆水域水产资源生态系统,其生长状况如何会影响到水产资源阈值的确定。许多被开发种群观察到的趋势显示了严峻的下降形势,而经济开发对渔业资源的压力还在持续增加。FAO对捕捞渔业产量统计的平均营养水平趋势分析揭示了世界多数区域下降的趋势。内陆捕捞渔业也有同样的趋势,考察肉食性鱼类(piscivores)和滤食性鱼类(planktivores)的上岸率,发现了同样的变化,指标显示在所有区域已被完全开发的生态系统中没有再增长的空间。中国海洋捕捞量在2005年以后基本处于下降阶段。由于近年捕捞强度的盲目增长导致目前水产资源的严重衰退,从1999年起中国海洋捕捞计划实行"零增长",加之中国与日本、韩国、越南、菲律宾等国签订了渔业双边协定后,海洋水产捕捞资源量也在减少。同时,国内内陆水产资源捕捞产量呈徘徊不前、缓慢下降的趋势。基于国家水产政策、国际背景和前面水产资源发展趋势分析,确定了 2020 和 2030 年的水产资源捕捞数量安全阈值,即水产品捕捞产量分别控制在 1 820 万 t(海洋 1 550 万 t、内陆 270 万 t)和 1 720 万 t(海洋 1 460 万 t、内陆 260 万 t)。

由于中国捕捞水产资源已接近阈值,而近年水产品产量的增长主要依靠水体养殖,又由于水产品的饲料转化率高,水产养殖业还具有劳动密集的特点,因此中国水产业进一步发展的潜力较大。20 世纪 80 年代,中国水产品生产的年均增长率为 10.4%,到 90 年代进一步提高为 12.4%,发展势头强劲。中国水产品生产的增长主要得益于水产养殖面积的不断增加和单产水平的不断提高。20 世纪 80 年代,中国的水产养殖面积由 1980 年的 299.77 万 hm^2(中华人民共和国统计局 1991)增至 1989 年的 423.53 万 hm^2,10 年增长了 41.28%;单产水平由 491 kg/hm^2 提高到 1 357 kg/hm^2,增长了 1.76 倍。20 世纪 90 年代,养殖面积进一步由 1990 年的 425.87 万 hm^2 增至 1999 年的 627.71 万 hm^2,10 年增长 47.39%;单产水平由 1 425 kg/hm^2 提高到 3 819 kg/hm^2,提高了 1.68 倍。21 世纪以来,中国水产养殖面积由 2000 年的 650.80 万 hm^2 增加到 2005 年的 755.82 万 hm^2,5 年增长 16.14%;单产水平由 3 956 kg/hm^2 提高到 4 492 kg/hm^2,5 年提高了 13.55%,总的水产养殖趋势近年是上升的,不过 2000 年以后的增速明显减缓。因此确定 2020 和 2030 年的水产资源养殖数量安全阈值,即水产品养殖产量分别控制在 3 695 万 t(海洋 1 478 万 t、内陆 2 217 万 t)和 3 862 万 t(海洋 1 531 万 t、内陆 2 295 万 t)。

10.2.2　水产资源质量阈值分析

中国水产资源丰富,既是水产品生产大国,又是水产品出口大国。水产品的质量不仅直接影响消费者的食用安全,而且对国际贸易也产生了重要的影响。当前各种社会经济活动对水产资源数量与质量的影响受到人们越来越多的关注,但由于水产资源环境与水生生物生态系统的复杂性,长期以来人们对水产资源开发利用得多,而对水产资源环境保护得少。随着中国经济的快速发展,水域生态环境污染和破坏日趋严重。20世纪80年代,中国实行"以养为主"的渔业发展方针以来,水产养殖业进入快速发展阶段,逐渐成为繁荣农村经济、促进农民增收的重要产业。但一些地方养殖方式粗放,养殖病害逐年增加,导致了药物滥用,造成水产品质量安全隐患增多,水产养殖生产中苗种遗传改良率很低,由此引发了养殖品种种质退化、抗逆性和抗病性差等问题。现在养殖生产中大量直接投喂小杂鱼和饲料原料,有的还靠捕捞鱼苗进行养殖,这样的养殖方式对生态环境负面影响大。

目前,中国水产品的供给安全问题已经基本解决,而水产品的卫生质量和安全质量问题日益突出,这成为了全社会普遍关注的热点问题。水产品在中国的食物结构中占有重要的地位,已成为中国居民膳食结构中极为重要的动物蛋白质来源。同时,水产品也在中国农产品抢占国际市场的竞争中占有重要地位,在中国农产品出口创汇中位列第一。水域生态环境是水生生物赖以生存和渔业发展的重要基础,是水生生物赖以生存和繁衍的最基本条件。渔业水域生态环境恶化已经成为新时期中国渔业发展的最主要、最突出的制约因素,是中国渔业由数量型向质量效益型转变的最大障碍,是中国渔业发展战略调整中最急需解决的关键问题(贾晓平 2003)。因此,还要对水产品需求保障还有水产资源质量安全阈值进行控制与管理。2020—2030年水产品主要质量安全阈值包括:水产资源开发生产过程的无害化、标准化管理,水产品产地药残检测合格率从2005—2020年年均提高0.05%,2020—2030年年均要提高0.025%以上;严格查处氯霉素、孔雀石绿、硝基呋喃等禁用药物的使用;渔用水域水质要比2005年普遍提高;2020和2030年赤潮等灾害发生次数或影响面积分别要比2005年减少15%和20%;水产业污染事故与灾害等导致的经济损失2020和2030年要比2005年分别减少20%和30%。

第 11 章 中国水产资源综合生产能力保障与对策建议

结合水产资源阈值,以水产资源保障能力建设为中心,设计面向可持续发展的水产资源保障体系。

11.1 水产资源安全风险分析

渔业生产是开发有限自然资源的水产品生产活动,渔业经济发展和外延生产拓展,主要依靠投入的增加来完成,随着生产投入单位数量的增加,生产事故、安全风险的数量也迅速增加。如当我们开发外海捕鱼时,就存在外海沉船海难等安全风险,存在引进水产资源新品种还有防范和治理外来物种对水域生态造成危害的风险,此外还存在水产品养殖过程中病害防治、渔药残留超标或渔业水域环境污染方面的生产安全风险问题。目前,风险分析是保证食品安全的一种新模式,一些国际组织和发达国家已经就特定水产品的危害因素展开了风险分析。

11.2 中国水产资源安全保障体系构建原则

长期以来,中国水产业经济发展过多地依靠扩大规模和增加投入,这种粗放型经济增长方式同资源与环境的矛盾越来越尖锐,已经成为制约水产养殖业健康可持续发展的瓶颈。建设社会主义新农村的提出,为中国水产业发展提供了新的发展机遇,水产资源开发也要转变发展观念,创新发展模式,充分利用好国际国内两种资源、两个市场,调整水产品品种结构,优化养殖生产布局,提高水产业社会经济生态的综合效益。水产资源安全保障体系构建要坚持如下原则:

(1) 水产资源开发与生态环境保护并重;
(2) 政策引导与依法监管并重;
(3) 部门分工明确与监管措施得力并重;
(4) 保障手段有效与机制运转协调并重;
(5) 生产规范监管与科技创新(指导)服务并重。

11.3 中国基于水产生产能力安全的水产资源保障体系框架

进一步强化水产资源质量安全监督管理体系,努力提高水产科技水平与协调服务、参与国际竞争的能力,全面提高水产资源质量安全保障管理水平,促进水产业健康持续发展。

11.3.1 政策保障

建立健全水产资源及其生态环境的保护政策体系,在已制定的有关水产资源保护法律和条例基础上,加强对渔业资源增殖与水域环境保护的相关规定。进一步完善水面、滩涂等水产渔业使用制度,赋予广大渔民长期而稳定的水面、滩涂渔业使用权。近期要在全国加速推行水产养殖证制度,以保护从事养殖生产者的合法权益,保持渔区基本经济制度的稳定,同时规范养殖业管理,提升养殖产品的质量安全水平,进而加强水产养殖规划布局和管理工作,奠定水产养殖可持续发展的基础,最终促进渔业行政管理职能的转变,提高渔业行政管理服务水平,保障水产养殖业的持续健康发展。

11.3.2 投资保障

加大水产资源增殖与保护方面的基本设施建设及基础研究投入。加强对水产品标志、水产品质量安全、水产养殖用药和水产品生产过程中的风险管理技术及对策方面的研究投入。为禁渔区和禁渔期制度、水产种质资源保护区的合理确定提供资金保障。开展生态安全风险评估和增殖效果评价,确定合理的水产资源生态补偿标准,继续完善海洋伏季休渔、长江禁渔期等现有禁渔区和禁渔期制度,并逐步在珠江、黑龙江、黄河等主要流域及重要湖泊推行此项制度。

11.3.3 技术保障

首先加强水产资源基础理论与技术方面的研究,开展水产资源及其生态环境基础情况普查与动态变化监测,制定新形势下的水产资源区划与生态环境保护规划,科学制定不同水域的增殖规划,为合理确定增殖水域、类型、品种和数量提供理论技术基础。

其次加强健康养殖理论与养殖生物技术等方面的研究,如开展生物操纵理论与技术的研究应用,通过利用肉食性鱼类抑制杂食性、草食性鱼类,促进浮游动物的生长繁殖,并进而抑制水体中的藻类密度;采用调节水生生物群落结构的方法,保护和发展滤食性浮游动物、滤食性浮游藻类,增加水体透明度,降低水体富营养化程度,保持养殖水体水质,保障水产品的食用健康品质。

再次开展水生生物及水域生态修复技术等基础研究。控制与保持养殖水体水质或应用于已经发生水体富营养化湖泊水域的治理。重点针对已经衰退的重要渔业资源品种和生态荒漠化严重水域,开展从增殖方式、增殖力度,增殖品种、数量和范围的理论与技术方面的深入研究,为水产资源荒漠化区域的治理与生态修复提供理论与技术基础保障。

11.3.4 机制保障

切实落实科学发展观,积极探索、创新水产资源管理体制和机制。加强水产品安全监管制度建设,进一步理顺有关监管部门的职责,逐步建立与科学发展观相适应的职责清晰、运转高效的监管体制,加强综合执法和相关部门联合执法;积极探索、创新和完善水产资源安全保障监管体制,逐步建立水产品安全监管长效机制,完善集中决策、统一协调、行政区域监管机制,妥善处理和解决发展中出现的新问题,提高监管能力和水平。2006年农业部渔业局开始实施"水产养殖业增长方式转变行动",这项工作的开展旨在通过创办试点示范积累经验、探索方向、树立典型、转变观念、创新模式、提高质量,推动水产养殖业从追求数量向数量与质量、效益与生态关系并重的增长方式转变。

随着水产养殖业增长方式转变这一活动的进行,全国水产业将逐步建立和完善以下机制:建立和完善水生生物资源监测、水生生物检验检疫、水域生态环境监测、水生生物种质鉴定等体系;完善生态安全风险评价制度,充分发挥引育种中心的作用,加强外来水生生物物种管理,保证水生生物种质安全和质量,使外来水生生物物种危害得到有效监控;建立水产品强制性标准全国专项检查制度,实施电子标签管理制度,整合并充分利用现有水产品检验检测资源,严格实验室资质管理,初步建立协调统一、运行高效的水产品安全检验检测体系;建立水产资源可持续发展的生态安全风险评价体系,对待需要进行修复、治理与增殖水产资源的不同区域水体,在投放增殖水生物之前对增殖品种和规模、增殖水域进行科学论证和生态安全风险评估,以选择适宜增殖品种,避免生物侵害,保护水产资源生态平衡与可持续发展。

同时,水产养殖生产要逐步推广实施 HACCP 管理模式,国外水产养殖已逐步推广 HACCP 管理体系。水产养殖方式关系到国内外食品安全水平,影响到中国水产品出口竞争力,同时对水体环境质量与水产资源生产能力也产生严重影响。因此,应尽快建立中国水产品可追溯体系,确保能够从生产到销售的各个环节追溯检查产品。通过水产品可追溯体系的建立,不仅可以从市场上及时撤回有问题的水产品,减少对城乡居民的身体健康或对环境构成的危险,而且可以促进对危害环境、人类与水产生物健康的相关影响进行识别与监测(兴江 2006)。

11.4 对策建议

11.4.1 合理开发水产资源,提升中国食物安全保障能力

水产资源不仅指捕捞或养殖的水生物,还包括内陆与海洋可供捕

捞与养殖的水域等所有自然资源和条件。水产资源生产能力是一个动态的发展变化的概念,水产资源领域还有很多我们没有认识或研究不足的地方有待我们进行研究与开发利用。耕地的开发利用仅限于中国主权范围的所属领土上,粮食安全保障途径要拓展,水产资源开发最适合"走出去"的战略,远洋水产就是对公海海域水产资源的开发利用。相比发达国家而言,中国的远洋水产业才刚刚起步,以经济学界提出的"开发两种资源、利用两个市场"的观点,中国未来水产业发展中特别要加强远洋水产资源的开发能力,提升中国粮食安全保障能力。

11.4.2　摸清水产资源家底,为政府管理决策提供支持

国内水产资源研究领域一直以开发性研究为主,水产资源学者则侧重资源学理论研究,而从宏观角度出发,立足于科学管理层面,对水产资源开发利用和水产资源生产能力研究得很少。为此本书决定将水产资源综合生产能力作为重点问题进行研究,但实行起来有一定难度。由于体制原因,海洋水产资源涉及的海域管理权在国家海洋局,淡水水产资源涉及的内陆水域管理权又归水利部,农业部只管理水产品,所以农业部发布的《中国渔业统计年鉴》只统计了水产品生产情况。或许是因水产资源测量与统计的困难,中国对有关海域与内陆水域面积等水产资源的基本情况始终没有进行普查或详查,2006 年的《中国统计年鉴》上有关水产资源的数据仍是 1985 年的评价数,因水产资源统计数据没有及时得到更新,因此难以准确定量分析或预测水产资源及其生产能力的发展变化趋势。水产资源家底不清,也制约了研究的系统性与深度。

11.4.3　调整水产品出口战略,增强水产资源生态安全观念

需要指出的是,中国是水产品生产大国,却不是水产资源大国与水产强国。虽然中国水产品产量、人均占有量与出口量多年位居世界第一,但出口产品中多是未加工或初加工的低值产品,从海域水产品生产可持续发展和维护国家生态安全的角度考虑,是在牺牲自己的海域环境为发达国家提供水产品来换取经济利益,在党的十七大提出"生态文

明"、"生态安全"等概念后我们需要重新考虑调整以往的水产品出口战略。开展水产品精、深加工,不只是为了抵御贸易壁垒,扩大对外进出口贸易,更是为了在节约和保护本土水产资源的同时提高水产品出口效益与贸易额。

11.4.4 开发水产资源多功能,积极探索水产业发展的新思路

水产资源的合理开发利用在改善国民的食物营养结构、参与国际水产品市场竞争、提供城乡居民观光休憩垂钓、维护水域生态安全、保护水路航运通道及稳定海防边疆等方面具有多种功能,人们需要重新认识水产资源在提高中国农业综合生产能力和中国食物安全战略中的重要地位和作用。但当前水产品高产现状掩盖了一些制约中国水产资源综合生产能力提高与持续利用的重要问题。因此未来水产资源开发要思考观光水产业、生态水产业、都市水产业、边防水产业等产业发展的新思路,切实改变水产业增长方式,控制产量规模,调整产品结构,提高商品价值,实现优质高效。

11.4.5 加强水产资源区划规划,实现水产资源可持续开发利用

中国是发展中的水产品生产大国,但人均水产资源有限,实现可持续发展的难度很大。在摸清家底的基础上,要尽快开展全国水产资源区划规划工作,在此基础上推动地方水产资源区划与规划工作的开展,从而进一步科学制定水产资源开发保护规划,规范水产资源开发管理工作。同时,组织开展涉外双方水产资源联合调查,以及对跨国水产资源水域的生态环境监测,制定水产资源开发保护联合行动工作方案,促进水产资源的可持续利用。

11.4.6 严格水产品生产规范,确保水产品食用质量安全性

中国是水产品生产大国,又是水产品消费大国,同时也是水产品出口大国。水产品质量安全关系国民的食用安全和生命健康。要严格水产品生产技术规范,加强中国水产品产地环境质量安全管理机制与控制技术的研究,同时加强环境保护与水产品生态环境污染的防治,从源

头上控制污染，建立水产品产地环境和水产品安全与质量控制检测体系，建立渔药市场准入制度；实施水产品产地重点监控，建议监控的重点地区放在水产养殖面积大且产量高的10个省（市、区）；逐步建立水产品全程监控机制，水产品生产要实施从水中养殖到端上餐桌的全过程质量控制，建立长效、稳定的质量安全保障制度和体系，全面提高安全优质水产品的生产和供给能力，确保水产品的安全性。

第 12 章 研 究 结 论

中国是一个拥有13亿人口的、世界上人口最多的国家,解决国民的食物消费需求是农业生产的首要任务。虽然中国幅员辽阔,自然资源总量大,但自然资源的人均水平较低,人均耕地、人均水资源分别不及世界人均水平的1/3和1/4,成为今后约束农业发展的两大稀缺资源。农业发展必须从外延扩张式的数量增长转变为内涵优化式的质量提高、效率增长,从重视食物供求总量平衡目标转向于注重"藏粮于地"、"贮鱼于水"等的农业资源综合生产能力保障目标。鱼类等水产品是优质蛋白质的主要来源,水产资源生产能力将对未来中国农业综合生产能力产生重要的影响。而中国水产资源既有内陆水域可供利用,还有四大领海、200海里的专属经济区及远洋公海海域可供开发。水产资源综合生产能力研究与开发是加强中国农业综合生产能力的重要途径,对于实现中国食物安全目标具有重要的现实意义。

12.1 水产资源及其综合生产能力与安全阈值概念的界定

本书从经济学、生态学意义上界定了水产资源的概念定义,水产资源是指涉及水产业生产的一切自然资源和条件,包括可捕捞或养殖的水生物、内陆与海洋可供捕捞与养殖的水域及其生物种群与生态环境等。

水产资源综合生产能力是指在一定地区、一定时期和一定经济技术条件下,由水产业生产诸多要素综合投入所形成的、可以相对稳定实现的水产业综合产出水平。进而指出水产资源生产能力是一个动态的发展变化的概念,水产资源的种群数量与质量的改善和变化会影响水产资源的生产能力,而养殖水体的数量与质量、市场需求及生产方式、养殖技术与加工水平同样也对水产资源的生产能力产生影响。

水产资源综合生产能力安全阈值,是指国家食物安全战略中可以确保水产资源综合生产能力可持续发展的水产资源开发利用的合理指标,包括水产资源综合生产能力数量安全与质量安全。

12.2 中国水产资源综合生产能力发展的阶段性与布局特征

(1)中国的水产品产量主要来源于海洋水产资源的开发,特别是海洋捕捞产量曾长期占据中国水产品产量的最大份额;但从 1980 年起水产养殖开始呈现持续稳步增长的发展态势,从 2000 年起内陆水产养殖产量开始超过海洋水产捕捞量而成为中国水产品的主要生产方式,新增的产量主要来自于水产养殖,2005 年总产量达到 5 100 万 t。养殖产量占总产量的比重已由 1980 年的 32% 提高到 2005 年的 67%,并且中国水产资源生产能力由以捕捞为主的天然海区、内陆水域逐步向由人工控制的集约化养殖水域转移。

(2)中国水产资源生产能力主要分布于东部沿海与长江流域地区。2005 年水产品年产量在 100 万 t 以上的 12 个省(市、区)主要集中于这一地区,其生产能力分别占到全国水产品、海洋水产、淡水水产总量的 90.22%、96.43% 和 82.44%;渔业经济产值在 100 万元以上的省(市、区)排在前 6 位的都是沿海省份,随后的为长江流域 5 省(市、区)。同时水产品加工能力、水产从业人员,以及海水和淡水不同品种水产资源生产能力等也主要分布于沿海与长江流域。

12.3 中国水产资源综合生产能力数量与质量变化趋势

从水产资源数量总体而言,中国海域生物多样性较高,水产资源品种繁多,但水产资源量并不丰富。中国四大海区的年平均渔获量仅为 3.2 万 t/hm^2,属世界中下水平。中国内陆水域面积占国土总面积的 1.82%,其中可养殖面积只占 38.64%,已养殖面积占可养殖面积的 69.19%;池塘、湖泊、水库、河沟和其他 5 种水域中,池塘和水库的养殖利用率较高,湖泊与河沟的养殖利用较低。在 2002 年由水利部完成的《中国水功能区划》中,渔业用水区域江河长度有 2 000 多 km,其只占二级区划江河长度比重的 3.2%,渔业用水区域只占内陆水功能区划的极小部分。

同时,中国水产资源质量呈下降趋势。近海捕捞强度超过自然资源的再生能力,捕捞产量中的主要经济鱼类产量下降,低龄化、小型化和低值化现象日益加剧;内陆水域水产资源捕捞单产(单船或单网)渔获量减少、质量下降,20 世纪 50 年代长江流域的捕捞产量曾达 40 多万 t,近年来仅为 10 万 t 左右。20 世纪 80 年代以来水产养殖以每年约 16% 的速度快速增长,同期世界水产品产量的增长主要来自中国,中国水产品总量的增长主要源于单产的提高,1996—2005 年的 10 年间,全国水产品每公顷单产平均提高了 1.21 t。不过内陆水产养殖单产稳步提高,海洋养殖单产却徘徊不前、年际间单产变化率较大,而且省(市、区)间水产养殖单产水平相差很大。

12.4 中国水产资源生态环境恶化,水产品食用安全性令人担忧

多方面因素导致中国水产品产地环境质量恶化。淡水养殖环境质量不高,重点治理流域的 453 个水质考核断面达标率为 60%;海水养殖环境质量下降,仅 60% 的海水增养殖区水质状况能够满足增养殖业

水域要求。而养殖方式不合理、养殖技术不规范、专用渔药研发滞后等,也给中国的水产品产地环境质量与食用安全带来隐患。近年来,中国每年发生的渔业污染事故发生在1 000次以上,造成直接经济损失约10亿元,因环境污染造成的天然渔业资源经济损失在35亿元以上。

12.5 中国水产资源综合生产能力变化趋势预测结果

根据中国水产品产量最佳线性无偏估计,海洋捕捞量在2005年以后基本处于下降阶段,海水养殖产量将在2009年达到最高值1 460.27万t,内陆捕捞量预计在2008年左右达到最高值,约为255.8万t,内陆养殖产量预计在2017年左右达到最高值,约为2 975.34万t。此后各项水产品产量进入稳产调整期。但事实上,随着居民收入的增长,对水产品的消费会越来越大,而且水产养殖在达到最高规模后,应该是一个长时间的稳产过程,加上水产养殖技术的改进和市场需求的刺激,因此估计到2020和2030年中国水产资源的生产能力分别在5 954万和6 145万t左右。

12.6 中国水产资源综合生产能力持续发展的安全阈值目标

中国水产资源综合生产能力可持续发展的安全阈值目标:

(1)数量阈值。2020和2030年的水产资源捕捞数量,即水产品捕捞产量分别控制在1 820万t(海洋1 550万t、内陆270万t)和1 720万t(海洋1 460万t、内陆260万t);2020和2030年的水产资源养殖数量,即水产品养殖产量分别控制在3 695万t(海洋1 478万t、内陆2 217万t)和3 826万t(海洋1 531万t、内陆2 295万t);2020和2030年的水产资源综合产出量分别控制在5 515万t(海洋3 028万t、内陆2 487万t)和5 546万t(海洋2 991万t、2 555万t)。

(2)质量阈值。包括水产资源开发生产过程的无害化、标准化管理,水产品产地药残检测合格率 2005—2020 年年均提高 0.05%,2020—2030 年年均提高 0.025%;严禁氯霉素、孔雀石绿、硝基呋喃等禁用药的使用;渔用水域水质普遍提高;2020 和 2030 年赤潮等灾害次数或影响面积分别比 2005 年减少 15% 和 20%;水产业污染事故与灾害等导致的经济损失 2020 和 2030 年分别比 2005 年减少 20% 和 30%。

12.7 中国水产资源综合生产能力持续开发利用的保障体系框架与对策建议

中国水产资源安全保障体系构建中提出要坚持"资源开发与生态保护并重、政策引导与依法监管并重、分工明确与措施得力并重、手段有效与机制协调并重、生产规范与创新服务并重"的五项原则,并从政策保障、投资保障、技术保障和机制保障等方面提出了水产资源综合生产能力保障机制。

为此,本书提出了中国水产资源综合生产能力实现可持续发展的 6 项建议:①合理开发水产资源、提升中国食物安全保障能力;②摸清水产资源家底,为政府管理决策提供支持;③调整水产品出口战略,增强水产资源生态安全观念;④开发水产资源多功能,积极探索水产业发展的新思路;⑤加强水产资源区划规划,实现水产资源可持续开发利用;⑥严格水产品生产规范,确保水产品的食用安全性。

参 考 文 献

陈百明.2001.中国农业资源综合生产能力与人口承载能力.北京:气象出版社.
陈道.1983.经济大辞典·农业经济卷.上海、北京:上海辞书出版社、农业出版社.
陈刚.2004.建设浙江省水产科技创新系统设想研究.现代渔业信息,**19**(3):30-33.
陈光烈.1996.水产养殖经营管理.台北:水产出版社.
陈吉余.1993.中国海岸带和滩涂资源综合调查专业报告集:中国海岸带地质.北京:海洋出版社.
陈锡文,邓楠.2004.中国食品安全战略安全.北京:化学工业出版社.
陈新军,周应祺.2002.中国渔业产量结构的灰色关联分析.中国渔业经济,(2):30-33.
程国强.2005.中国农业面对的国际环境及其趋势.中国农村经济,(1):4-10,25.
《当代中国》丛书编辑委员会.1991.当代中国的水产业.北京:当代中国出版社.
樊祥国.2005.2004年水产养殖形势分析及2005年发展趋势.中国水产,(1)14-15.
范波.2003.水产养殖中哪些药物不宜用.渔业致富指南,(24):51.
方航.2007.多种群的开发策略将成为渔业资源研究的主攻方向.现代渔业信息,**22**(1):31.
费鸿年,张诗全.1990.水产资源学.北京:中国科学技术出版社.
高会旺,王强.2004.1999年渤海浮游植物生物量的数值模拟.中国海洋大学学报:自然科学版,(5):867-873.
葛光华.2001.水产品市场营销学.北京:中国农业出版社.
国家海洋局.2006.中国海洋环境质量公报.www.gov.cn,2007-1-2.
韩伐贵.2005.关于渔业产业化中的几个问题.浙江学刊,(6):68-70.
汉纳森R,著.渔业生物经济分析.张相国,译.1995.北京:中国农业科技出版社.
韩增林,狄乾斌,刘锴.2003.辽宁省海洋水产资源承载力与可持续发展探讨.海洋开发与管理,**20**(2):52-57.
洪惠馨,林利民.2002.我国渔业问题与对策.集美大学学报:自然科学版,(1):8-13.
胡芬.2004.2003年春季东海区浮性鱼卵和仔稚鱼种类组成及数量分布.海洋渔

业,**26**(2):79-85.

胡杰.1995.渔场学.北京:中国农业出版社.

胡笑波.1998.渔业经济学.北京:中国农业出版社.

黄代中,董在杰.2005.欧洲水产养殖中使用的化学药物及其控制.科学养鱼,(3):54.

贾敬德.2000.21世纪中国淡水渔业展望.淡水渔业,(3):10-11.

贾晓平.2003.渔业水域生态环境亟待修复.中国渔业报,2003-12-4.

贾晓平,杜飞雁.2004.无公害水产品发展战略与对策.中国农业网,2004-5-2.

江希流,华小梅,朱益玲.2004.我国水产品的生产状况、质量和安全问题及其控制对策.农村生态环境,**20**(2):77-80.

柯学.2006.海洋生态动力学模式的基本概念.现代渔业信息,**21**(11):31.

李德尚.1993.水产养殖手册.北京:中国农业出版社.

李继龙.1997.我国水产品生产与对食物安全的贡献.中国渔业经济研究,(6):19-21.

李金明.2002.世界水产品市场与中国出口水产品比较优势分析.世界农业,(9):21-23.

黎小正.2003.无公害水产品生产基地环境质量要求及环境质量检测和监控.广西水产科技,(1):54-55.

梁天红,马辉,牟均素,等.2005.丹东地区水产养殖病害现状与对策.内陆水产,**30**(2):35-36.

梁勇,马冬梅.2001.广西农业综合生产能力研究.广西大学梧州分校学报,**11**(1):10-12.

刘大安,吴万夫.1999.我国渔业现代化程度及发展前景.中国渔业经济研究,(1):10-12.

刘焕亮.2000.水产养殖学概论.青岛:青岛出版社.

刘杰.2004.对粮食生产区农业综合生产能力的研究.长春金融高等专科学校学报,(2):14-15.

刘明理.2003.名优水产养殖发展原则.农家顾问,(7):43.

刘群,曾晓起.1995.对水产资源评估的两种世代分析方法比较.青岛海洋大学学报,**25**(4):466-474.

刘锡胤,李龙,梁爱萍,等.2003.关于无公害水产养殖的发展战略.齐鲁渔业,**20**(3):34-36.

刘英楠,韩静.2004.洞庭湖退田还湖生态经济效益显著.科学时报,2004-3-9.

隆国强.1998.大国开放中的粮食流通:1953—1996年中国粮食价格分析.北京:中国发展出版社.

陆杰华,王广州,李建新,等.2002.经济转型期我国人口变化对水产品消费的影响.经济问题,(4):11-13.

鹿心社.2005.中国海岸带面临的主要问题.中国海洋报,2005-9-8.

马丽.2004.伦理话语转换和生态环境伦理中的资源概念.哲学研究,(1):78-82.

马志强,周遵春,薛克,等.2004.辽东湾北部海区初级生产力与渔业资源的关系.水产科学,**23**(4):12-15.

蒲朋.2001.中国渔民受困中外"渔业协定".中国海洋报,2001-3-12.

瑟索耶夫 H N,著.苏联渔业经济学.邢书纲,李静杰,陈辉,译.1989.上海:上海水产大学出版社.

邵文杰.2005.长江水产种质资源保护不容忽视.光明网,2005-5-10.

世界卫生组织.2000.水产养殖产品的食品安全指南:联合国粮农组织-亚太地区水产养殖中心-世界卫生组织联合研究小组报告.北京:人民卫生出版社.

水产业生产结构和发展前景研究组.1991.中国水产业生产结构和发展前景.北京:中国农业出版社.

宋星宇,黄良民,石彦荣.2004.河口、海湾生态系统初级生产力研究进展.生态科学,**23**(3):265-269.

孙琛.2005.加入WTO对我国水产品国际贸易的影响及过渡期的相应对策.农业经济问题,(9):54-57.

唐启升.2000.中国海洋生态系统动力学研究:I关键科学问题与研究发展战略.北京:科学出版社.

唐启升,邱显寅,王俊,等.1994.山东近海魁蚶资源增殖的研究.应用生态学报,**5**(4):396-402.

万建中.1992.农业自然资源经济学.北京:中国农业出版社.

王骥,梁彦龄.1981.用浮游植物的生产量估算武昌东湖鲢鳙生产潜力与鱼种放养量的探讨.水产学报,**5**(4):343-350.

王清印,余来宁,杨宁生.2005.中国水产生物种质资源与利用.北京:海洋出版社.

王松霈.1992.自然资源利用与生态经济系统.北京:中国环境科学出版社.

王习达.2005.英国的有机水产养殖.水产养殖,**26**(1):41-42.

王秀东,王永春.2005.依靠科技进步提高我国农业综合生产能力.经济论坛,(11):132-133.

王玉堂.2003.关于国外水产种质资源引进问题的探讨.中国水产,(7)64-65.

韦林珍,钟海.2005.我国农业综合生产能力薄弱的成因及对策.贵州财经学院学报,(4):64-67.

无锡中顺生物技术公司开发部.2004.养殖环境的恶化及其解决方案.中国水产,(10):85.

肖海峰,王姣.2004a.我国粮食综合生产能力影响因素分析.农业技术经济,(6):45-49.

肖海峰,王姣,李鹏.2004b.我国粮食综合生产能力保护体系的完善对策.农业经济,(11):33-35.

兴江.2006.建议建立我国水产品可追溯体系.现代渔业信息,**21**(9):35.

许国新.1999.加快渔业产业化的影响因素分析与建议.农业经济问题,**20**(7):20-23.

许林之.1994.保护渤海渔业资源刻不容缓.海洋信息,(5):21.

徐忠法,于东洋.1997.水产养殖标准汇编.北京:中国标准出版社.

荀铮.2000.对中国渔业可持续发展的问题研究.华东经济管理,**13**(3):7-9.

杨威.2002.敢问路在何方——对中国水产业的一些观察与思考.中国海洋报,2002-10-25.

杨先乐.2002.水产品药物残留与渔药的科学管理和使用(一).中国水产,(10):74-75.

杨子江,聂善明.2004.水产科技资源的理论探讨.中国渔业经济,(3):10-12.

姚震,骆乐.2001.渔业制度变迁对渔业生产贡献率的分析.中国渔业经济,(6):16-17.

俞泽溪.2004.从我省水产科技推广现状谈水产科技示范园的建设.江西水产科技,(3):2-4.

詹秉义.1995.渔业资源评估.北京:中国农业出版社.

张帆.1997.环境与自然资源经济学.上海:上海人民出版社.

张铭羽,聂善明.1999.科技进步在中国水产业大发展中的作用.中国渔业经济研究,(5):5-6,19.

张运林,秦伯强,陈伟民,等.2004.太湖梅梁湾浮游植物叶绿素a和初级生产力.应用生态学报,**15**(11):2 127-2 131.

张志华.2004.黑龙江省水产科技取得的成果及提高科技成果转化率的对策.黑龙江水产,(5)34-35.

张忠民,张海建.2000.江苏省渔药使用情况及对今后工作的几点设想.中国水产,(7):18-19.

郑宗林,向磊.2002.我国水产药物使用现状分析.水产养殖,(4):36-39.

中国水产科学研究院"九五"科技起步测算课题组.2002."九五"期间中国渔业科技进步对渔业经济增长的贡献率近50%.中国渔业经济,(1):16.

中华人民共和国国家统计局.1986,1991,1996,2001,2006.中国统计年鉴.北京:中国统计出版社.

中华人民共和国国家统计局.1991.中国农村统计年鉴(1990).

中华人民共和国农业部.1999.关于印发《关于调整渔业产业结构的指导意见》的通知.

中华人民共和国农业部.2007.我国将初步建立水生生物资源与生态补偿机制.金光农业网,2007-11-14.

中华人民共和国农业部,国家环境保护总局.2001.中国渔业生态环境状况公报(1999—2000).中国水产,(8):12-13.

中华人民共和国农业部,国家环境保护总局.2002.中国渔业生态环境状况公报(2001).中国水产,(8):13-15.

中华人民共和国农业部水产司.1994.水产经济工作手册.北京:中国农业出版社.

中华人民共和国农业部渔业局.2001.中国渔业年鉴.北京:中国农业出版社.

中华人民共和国农业部渔业局.2003.中国渔业年鉴.北京:中国农业出版社.

周德庆,李晓川.2000.高度重视水产品安全性全面提高中国水产品质量.中国水产,(10):74-76.

周伟华,袁翔城,霍文毅,等.2004.长江口邻域叶绿素a和初级生产力的分布.海洋学报,**21**(3):143-150.

周应祺,郑奕.2002.捕捞能力及其计量.上海生产大学学报,**11**(1):84-88.

庄大昌,欧维新,丁登山.2003.洞庭湖湿地退田还湖的生态经济效益研究.自然资源学报,**18**(5):536-543.

Aikawa H. 1949. *Fisheries Biology*. Tokyo: Industrial Press.

Anderson R W. 1980. Some theory of inverse demand for applied demand analysis. *European Economic Review*, **14**(3): 281-290.

Bailey L D. 1983. Effects of potassium fertilizer and fall harvests on alfalfa grown on the eastern Canadian Prairies. *Canadian Journal of Soil Science*, **63**: 211-219.

Barten A P, Bettendorf L J. 1989. Price formation offish: An application of an inverse demand system. *European Economic Review*, **33**(8): 1 509-1 525.

Chen W Z, Li C S, Yu L F. 1997. Estimation of the maximum sustainable yield for chub mackerel and round scads in the East China Sea by the surplus production models fitting expert system. *Journal of Fisheries of China*, **21**(4): 404-408.

Chiang F S,Lee J Y. 2000. The demand for aquaculture products in Taiwan an inverse demand system approach. *Journal of Marine Science and Technology*, **8**(2): 101-107.

Clark J R. 1996. *Coastal Zone Management Handbook*. Boca Raton:CRC Press.

Deng J Y. 1979. The study on the optimum catch for Chinese shrimp Piraeus chinesis in Bohai Sea. *Marine Fisheries Research*,(26): 18-23.

Kesteven G L. 1947. Population studies in fisheries biology. *Nature*,**159**: 10-12.

Kubo I, 1969. *Fisheries Biology*. Tokyo: Kyoritsu Press.

Por F D. The ecosystem of the manual: general considerations. //Por F D, Dor I. 1984. *Hydrobiology of the Manual*. The Hague: Dr W Junk Publishers.

Tang Q S. 1986. The fishing mortality and stock size of Pacific herring of Yellow Sea using Virtual Population Analysis (VPA). *Journal of Fisheries of China*,**8**(4): 476-486.

Young L, Melville D S. Conservation of Deep Bay environment.// Morton B. 1993. *The Marine Biology of the South China Sea*. Hong Kong: Hong Kong University Press.

Zhan B Y,Lou D S, Zheng J S. 1986. Stock assessment and rational utilization of filefish. *Journal of Fisheries of China*,**10**(4): 409-418.

Zhang Q Y. 1983. Population identification of Porgy in taiwan Straits and Beibuwan Bay. *Journal of O_2 Enology and Limnology*,**14**(6): 511-521.